イギリス解体、EU崩落、ロシア台頭

EU離脱の深層を読む

岡部 伸

Okabe Noburu

PHP新書

まえがき

英国に昨年12月から居を構えた。勤務先の産経新聞社からロンドン支局長を命じられたからだ。外国で暮らすのは米国、ロシアに次いで3か国目だが、最も心が和《なご》む。島国であり立憲君主制という政治体制や気質や文化も日本と共通するからではないかと感じている。

赴任からおよそ半年経った2016年6月23日、世界を激震させる「大事件」が起きた。英国民がよもやの欧州連合（EU）からの離脱を選択した国民投票である。深化を続けてきた国境のない欧州統合の壮大な実験は曲がり角に立った。世界中が残留を望む中で、先進国で最も因習を大事にするといわれる英国人がなぜ離脱という変化を選んだのだろうか。

離脱派勝利の背景に、グローバリズムの「負け組」となり、過激な排外主義に熱狂して怒りに燃える白人労働者の反乱があった側面は否めない。情緒に流され、一部のポピュリズムの政治家に煽られた英国版トランプ現象もあった。しかし、それだけでは歴史的な大転換を説明しきれない。白人の中間層やサイクロン式掃除機で名高いダイソンの創業者、ジェームズ・ダイソン氏ら「勝ち組」にも「離脱しても貿易に影響はない」と主張した者もいた。「経済的損失」を覚悟の上でEUからの訣別を選んだ英国民が抱える問題は、世界全体に共通する普遍性があるようにも思える。

その問題とは、第二次大戦後、旧植民地からの移民に国籍を与えてきた寛容さを不寛容に変質させた移民の増加、製造業の衰退、経済的に厳しい地方と繁栄する大都市の格差拡大、エリート層とグローバル化で取り残された労働者層の分断、扇動する政治家などだ。

さらに残留派が上回ったスコットランドや北アイルランドでは、EU残留のための独立の動きが始まった。それぞれの内向きのナショナリズムは、300年以上続いた英連合王国を崩壊させる危機さえはらんでいる。

EUの構造的な問題も浮き彫りになった。痛感したのは、離脱派・残留派ともに、経済統合を進めて平和を導くという高邁な理念を掲げるEUへの不満を抱えていたことだ。各国の閣僚を経験したエリートに牛耳られることに、「大陸欧州とは一線を画す」誇り高い英国人の我慢は限界だった。独仏のEUは英国の問題提議に耳を傾けないので千載一遇の「独立」チャンスに賭けようという離脱派の訴えが、EUに残って改革しようという残留派の主張よりも民意を得たようだ。直接選挙を経ずして選ばれた巨大な官僚機構に反発が起きたが、それは英国がEUの前身のEC（欧州共同体）に加盟した当初より欧州市民から指摘されていた欠陥でもあった。EU改革こそ待ったなしだろう。

ドイツの重しとして存在感があった英国が離脱すれば、EUのパワーバランスが崩れる。EU内でドイツが遠心力を加速すれば、加盟国の間で「ドイツ警戒論」が深まり、EUが解体に向かうシナリオさえ排除できない。

そこで漁夫の利を得るのは冷戦の敗者ロシアに違いない。EUがウクライナ危機でロシアに科している制裁の足並みが乱れることは避けられないからだ。大戦後、約70年間、ソ連と後継国家ロシアに対する恐怖は、西欧全体に共通してきた。対露最強硬派の英国が抜ければ、EUがレベルダウンし、鳴りを潜めていたロシアが再び手を伸ばしてくる。旧東独出身のドイツのメルケル首相と親交が深いプーチン大統領が、ドイツを足場にして英国なき欧州に進出することが懸念される。ロシアが台頭する足音が聞こえてくる。

冷戦終結後の90年代終わり、EUと北大西洋条約機構（NATO）が進めた東方拡大は、欧州に平和と安定をもたらすといわれた。しかし、ワルシャワ条約機構を解体させ、衛星国だった東欧や、ソ連を構成した共和国だったバルト三国まで「西側」に回帰させた東方拡大は、冷戦の敗者ロシアを追い詰め、プライドを傷つけた。その後、かつてソ連と中央アジアの覇権を競った英国に大量移民が流入、英国はその流れを止めようとＥＵからの訣別を余儀なくされた。ＮＡＴＯに対抗する軍事機構、ワルシャワ条約機構が91年のソ連崩壊に伴い解体して四半世紀。プーチン・ロシアの復讐劇が始まったように思える。

　イギリスの現在の首相であるテリーザ・メイ氏は、内相時代に元ロシアの情報将校、リトビネンコ氏毒殺事件の最終調査報告において、プーチン大統領関与の可能性を公表した。そしていま、メイ首相は潜水艦発射型弾道ミサイル「トライデント」更新を巡る議会演説で「ロシアの脅威は現在もある。安全保障で妥協しない」と訴え、核戦力を通じて大国としてロシアとの対決姿勢を鮮明にした。さながら21世紀のグレート・ゲームの趣《おもむき》を呈して来たように思える。このような視点からも英国のＥＵ離脱騒動を考えなければならないだろう。

　メイ新首相は、「離脱は離脱」と再投票はせずに「世界で最も複雑な離婚劇」（フィナンシャル・タイムズ紙）の交渉を２０１７年から始める。単一市場に加わりながら「人の移動の自由」の制限を求める交渉の行方は不透明だ。だが、カナダや日本、米国など27カ国が7月末までに英国と自由貿易協定を結ぶ意志を表明している。英国は伝統のインテリジェンスと外交で衰亡せず大国の地位を保つと期待したい。

　本書は特派員として新聞記事で書ききれなかった内容や、改めて書き下ろした小編をまとめて緊急出版した。ＰＨＰ研究所の川上達史氏と西村健氏の協力とアドバイスなくしては本を形にすることはできなかった。この場を借りて感謝申し上げたい。

２０１６年８月１日　ロンドンの自宅で

岡部　伸

イギリス解体、ＥＵ崩落、ロシア台頭

目次

第2章

EU崩壊の危機

第3章

連合王国解体の可能性

第4章　再び英露の「グレートゲーム」が始まる

第1章

打算と誤解の離脱劇

ジョン・ケリー米国務長官と会談後、記者会見に臨む
ボリス・ジョンソン英外相（左）（写真：岡部 伸）

キャメロンの危険な賭けと誤算

国民投票への批判

「今後数カ月、この船を安定させるためにできることをすべてやる。しかし、私が船を統率することが正しいとは思わない」

欧州連合（EU）の残留か離脱を巡って、10週間にわたって国内を二分した激しい選挙戦の国民投票の審判が出た6月24日朝、英国ロンドンのダウニング街10番地の首相官邸前。夫人とともに姿を見せたデーヴィッド・キャメロン首相はこう述べて、辞意を表明した。紺のスーツに青いネクタイ姿。厳しい表情に無念さがにじんだ。

英国という船が、嵐の海にこぎ出した瞬間だった。

キャメロン首相は離脱による経済上のリスクを訴え、EU残留を訴えた。オバマ米大統領をはじめとする各国首脳や、国際通貨基金（IMF）などの国際機関の「援護射撃」も受けた。国民投票の1週間前には、残留派の女性下院議員が殺害される悲劇が起き、世論調査でも残留派が持ち直した。

しかし、英国民が選択したのはEUからの離脱だった。急増して社会問題となった移民の問題で、EUに怒りの矛先を向ける国民の勢いを止められなかった格好だ。

離脱を主導した幹部は、「英国人は外部から指示されればされるほど拒否する。論理的に正しくても感情的に反発する」と説明する。残留のメリットを説き続けた首相の思惑は外れ、国民投票という危険な賭けに敗れた格好だ。

「英国は大きな問題から逃げずに向き合わなければいけない」「だからこそEUと英国の地位を再交渉すると約束し、国民投票を実施したのだ」

キャメロン首相は、辞意表明の会見で国民投票の実施を後悔していないと強弁した。

しかし、2013年に国民投票を実施すると公約したこと自体が「失敗だった」との批判が、残留派などから噴出している。

そもそも、感情が理性を超えた結果を生んだ国民投票を、議会制民主主義発祥の地、英国で行う必要があったのだろうか――。

6月12日付サンデー・タイムズ紙は、「最初から実施すると公約すべきではなかった」と指摘。英国には国民投票を規定した法律はないためだ。大きなリスクを冒す必要はなかったという。英国にレファレンダム（住民投票）実施要件を規定した法律はなく、その都度政権が法律をつくって行う。したがって、今回のように政権が望まない結果が出かねない投票を大きなリスクを冒してわざわざ行う必要はなかったとの見方が有力だ。

保守党の分裂が発端

慎重で健全な政治的本能のあるキャメロン首相は、もともとＥＵの是非を問う国民投票には消極的だった。危険な賭けに打って出たのは保守党内の権力闘争と無縁ではない。

２０１０年に43歳と戦後最年少で首相に就任したキャメロン氏には、党内に後ろ盾がなく保守党内の権力基盤が脆弱だった。党内の古参の反ＥＵ派幹部らから突き上げられ、反ＥＵ・反移民を掲げてナイジェル・ファラージュが率いる極右の英国独立党（ＵＫＩＰ）の躍進も脅威となって、ジョージ・オズボーン財務相の反対を押し切り、15年の総選挙で保守党が勝利すれば国民投票でＥＵについて信を問うと「公約」を発表したのは、２０１３年1月のことだった。

サンデー・タイムズ紙は首相が公約した理由として、（1）与党・保守党内の反ＥＵ勢力をなだめる（2）ＥＵ離脱を唱える英国独立党（ＵＫＩＰ）へ保守党支持層が流れるのを防ぐ（３）ＥＵに英国が有利になる改革を迫る材料になる――などを挙げている。キャメロン首相には、「ＥＵ離脱を叫んで支持を広げる英国独立党（ＵＫＩＰ）を制して総選挙に勝って、ＥＵから有利な加盟条件を引き出した上、国民投票でＥＵ残留を勝ち取れば、保守党内のＥＵ懐疑派を鎮められる」との計算があったに違いない。

保守党内の分裂に耐えかねて国民投票を公約にさせられたことが、離脱選択と首相辞任という事態を招いたといえる。ＥＵとの改革交渉でも他の加盟国に英国内のＥＵ懐疑派を満足させる厳しい改革要求を出せなかった。選挙運動で英政府の立場から経済的リスクを訴えて残留を説いても、グローバル化から取り残され、経済が疲弊する地方の高齢者や労働者の心を捉えることはできなかった。党内の主導権確保を目論んだキャメロン首相には、ＥＵ離脱選択は大きな誤算だった。

合理的な政治的・経済的計算をすれば、ＥＵとの関係を絶つシナリオはない。しかし、党内でＥＵに対する嫌悪感を募らせる強硬な欧州懐疑論が高まり、党外で反ＥＵ・反移民を掲げて急速に支持を拡げた極右の英国独立党（ＵＫＩＰ）の台頭という脅威が加わったことで、国民投票で論争を決着するしかなかった。

実は反ＥＵ勢力の突き上げで党内が分裂するのは保守党の悪《あ》しき伝統である。１９８０年代末から90年代半ばに、「鉄の女」サッチャー首相やメージャー首相が辞任に追い込まれたのも、ＥＵ懐疑論が発端だった。

サッチャー首相は労働組合への制限や既得権益打破のため規制緩和を進めたが、伝統的な保守勢力と衝突。この際に利用したのが欧州単一市場の理念だった。この単一市場主義は規制や通貨統合へと向かい、サッチャー首相は国家主権の喪失だと述べて抵抗したが、最後は保守党内で孤立して退陣した。サッチャー首相が市場主義と保守主義を結合しようとして生じた亀裂が、20年経て現在のＥＵ離脱運動に拡がった。

英メディア関係者が保守党の古老から得た情報によると、キャメロン首相もどちらかといえば欧州懐疑派だった。しかし２００５年に38歳で「若手による改革」を唱えて二大政党の保守党の党首になった際、対抗馬だった保守党の重鎮、デービッド・デービス議員（メイ政権でＥＵ離脱交渉担当相）が外務省で対欧州交渉を担当するなど根っからのＥＵ離脱派だったため、欧州懐疑派の立場を鮮明にできなかったという。

エリートへの反発

首相は、経済での残留メリットを理詰めで説明すれば、国民を容易に説得できると見込んでいたフシがある。

キャメロン氏はエリザベス2世やロシアのエカテリーナ2世の遠縁にあたる上流階級の出身で、イートン校・オックスフォード大学を卒業しており、英国の政治家の中でもとりわけ家柄が良い。香港上海銀行のロンドン支店長を務めた大祖父が日露戦争で日本の戦時国債買い付けに協力するなど、身内には金融界で活躍した人物が多い。パナマ文書で亡父がタックスヘイブン（租税回避地）に設立していたファンドに自らも投資をしていたことを認めたように資産家でもある。熟慮することなく行動するのも、お坊ちゃん育ちの毛並みの良さからかもしれない。

しかしその読みは甘かった。経済的リスクをいくら訴えて残留を説いても、離脱派には「裕福な支配層エリートが国民の不安につけ込んでいる」と不評だった。エリートへの一般庶民の反発は予想を上回るものだった。宰相として英国民の求心力が低下していることも「想定外」の事態だった。

14年のスコットランドの独立を問う住民投票も、キャメロン首相は独立を簡単に阻止できると高をくくって実施した。残留支持が55・3％と独立支持の44・7％をわずかに上回り、首相は胸をなで下ろした。しかし今回の国民投票で62％が「残留」に投票したスコットランドでは、自治政府のニコラ・スタージョン首相が独立を問う住民投票の再実施が「選択肢にある」と表明。再び独立を求める機運が高まった。

55・8％が「残留」だった北アイルランドも「英国からの離脱」と「アイルランド統一」を目指す住民投票を求める声があがっている。離脱派が上回ったウェールズでも、分離独立派の「ウェールズ民族党」が独立に向けて動き出した。各地域が四分五裂しかねない状況が生まれ、イングランドを中心に約300年にわたって緩やかにつながった「連合王国」が分裂の危機を迎えた。むろん英国が離脱すれば、EU各国で離脱ドミノが始まり、統合を続けたEUが崩壊する可能性も生じてくる。

キャメロン首相があっさりと政権を投げ出したのは、賭けの敗北が英国にもたらす打撃の大きさを理解していたためだ。記者会見で辞意表明後、彼は側近に不満を漏らした。

「何で離脱派のために自分がくそ難しいことをやらなければいけないのだ」

権力闘争に国民投票を利用する一世一代の危険な賭けに手を染めたキャメロン氏は、連合王国崩壊とEU終わりの始まりに導いた不名誉な宰相として、世界史にその名が刻まれるかもしれない。

「離脱」が選ばれるとは思っていなかったジョンソン

突然の「出馬断念」

英国の首都ロンドンの心臓部、ウエストミンスター寺院やビッグベン、バッキンガム宮殿に程近いセントジェームズ地区のスコットランドヤード（ロンドン警視庁）の正面に創業1887年のバロック調のホテル、「セントアーミンズ」がある。ここで第二次大戦中、ウィンストン・チャーチル首相が、諜報機関、特殊作戦執行部（SOE）の設立会議を開き、ワンフロアを作戦本部とし、隠密作戦の指令を出していたことはあまり知られていない。また別のフロアでは英国秘密情報部（SIS、通称MI6）が近くの本部から一部門を移して活動していた。

尊敬するチャーチル元首相や英国のインテリジェンスと浅からぬ関係があるホテルで、ボリス・ジョンソン前ロンドン市長は次期首相の座を目指して保守党党首選の運動の旗揚げを行うはずだった。国民投票でEUからの訣別が選択されてから1週間後の30日朝のことだ。

「ＥＵからの離脱でロンドンも英国も繁栄するだろう」。出馬表明の力強い言葉を期待する拍手と声援が飛び交う中、英国の将来について語り始めたジョンソン氏は、演説の終わり近くになって突然、「友人や同僚らに相談し、議会の状況を見る中で、（国を率いるのは）私ではないという結論に達した」と固い表情で述べた。

会場は凍りつき、沈黙と驚きが広がった。「決意表明」を聞くつもりでセントアーミンズホテルに来た支持者たちにとって、ジョンソン氏の口から「出馬断念」を聞くのは寝耳に水だった。保守党党首選の立候補が締め切られる同日正午まであと20分。英国をＥＵ離脱に導き、「次期首相」に一番近いとされた人気政治家、ジョンソン氏の突然の退場だった。

ボリス以外なら誰でも

不出馬の最大の理由は、ともに離脱派を率いて党首選で協力するとみられていたマイケル・ゴーブ司法相の離反だった。ジョンソン氏支持とされていたゴーブ氏が30日朝、突然出馬を表明した。「ジョンソン氏は指導力がなく、（ＥＵ離脱の）使命にふさわしいチームを作れないとの結論に達した」と切って捨てた。

勝利した離脱派に何があったのか。ジョンソン氏の出馬断念の背景にゴーブ司法相の「裏切り」があったとの見方が広がっている。

「政治的クーデターが起きた」(BBC放送)。党首選に出ないと明言していたゴーブ氏の立候補と、ジョンソン氏の出馬断念は英政界でこう指摘される。英メディアによると、国民投票の運動で、離脱派を勝利に導いた立役者であるゴーブ氏とジョンソン氏は蜜月だった。ところが勝利後、関係に亀裂が生じたのだ。冗談を連発する飾らない言動で国民的人気を集めるジョンソン氏だが、EUが離脱を阻もうとするのは「欧州制覇を試みたヒトラーと同じだ」などの問題発言で物議を醸《かも》し、首相としての資質を疑問視する声が噴出。党内を二分する分断を招いた張本人として、ジョンソン氏の名前をなぞり、「ABB(Anyone But Boris、ボリス以外なら誰でも)」との言葉が飛び交うほど、残留派を中心にジョンソン氏への反発が広がった。

党首選の選挙運動責任者に任命されたゴーブ氏は、ジョンソン氏に主要議員がなびかず、支持者集めが難航し、ジョンソン氏が残留派の保守党議員の集会に出席できなかったことから、「ジョンソン氏では党首選で勝てないと徐々にわかった」と語っている。

またゴーブ氏の関係者たちは、ジョンソン氏がデイリー・テレグラフ紙への寄稿で、国を分断させた責任からか、残留派への配慮を示して公約だった「移民制限」を撤回する意向を明らかにしたことから、指導者としての資質を懸念する声が保守党内に高まったと主張する。しかしジョンソン氏の友人はこの寄稿は「ゴーブ氏が校正した」と証言する。また党首選運動の混乱も運動を率いたゴーブ氏が原因と反論した。

離脱派の「旗振り役」相次ぎ退場

追い打ちをかけたのが、29日夜に流れた1通の電子メールだった。書いたのはゴーブ氏の妻でデイリーメール紙のコラムニスト、サラ・バイン氏で、「議員はボリスを支援する保証がなく、(メディア王)マードックも嫌っている」とジョンソン氏の性格を疑問視する内容だった。

バイン氏はこのメールの宛先を誤って保守党関係者に送った結果、民放スカイニュースが入手したとしている。しかし偶然流れたにしては英主要メディアに満遍《まんべん》なく渡り、主要各紙が立候補の当日30日付1面で報じた。結果として痛手を受けたジョンソン氏の周辺は「流出を前提に書いて意図的にリークした」と推測する。ゴーブ氏は恐妻に盟友の切り捨てを指示されたのではないかとの憶測が英政界に流れ、離脱派のイメージダウンに拍車をかけた。案の定、保守党党首選に立候補したゴーブ氏は支持を集めることができず、7月7日に行われた2回目の議員投票で落選し、決選投票に残れず、ジョンソン氏に続いて退場となった。

また離脱を扇動した英国独立党（UKIP）のファラージュ党首が7月4日、記者会見を行い、離脱決定を受けて、政治家としての目標を達成したと述べ、独立党の党首辞任を表明。国民投票で英国をEUから訣別させせた指導者たちが、投票からわずか2週間で政治の表舞台から消えた。離脱への不安と期待で世論が二分するなか、離脱派の「内紛」は、英政界の混乱に一層拍車をかけた。

離脱派の「旗振り役」がなぜ次々と退場したのだろうか。投票後、離脱派が運動中に掲げた公約に虚偽が表面化したことと無縁ではない。選挙運動で英国がEU加盟国として支払っている拠出金週3億5000万ポンド（約480億円）を国民保健サービス（NHS）の財源にしようとの公約について、英国独立党のファラージュ党首は、開票後テレビで残留派の反論通り、EUから英国に分配される補助金などを差し引くと、週1億数千万ポンドであることを認めた。また離脱派は「離脱で移民制限が可能だ」と主張していたが、離脱派のダニエル・ハナン欧州議会議員は、「移民がゼロになるのでなく、少しだけ管理できるようになる」と述べ、公約に嘘があったことを認めた。国民投票の結果判明直後の訂正だけに、ツイッターで「嘘を信じてしまった」「離脱への投票を後悔している」と離脱投票を後悔する書き込みが増加、英政府に2度目の国民投票を求める署名が450万人を超える要因になった。

離脱派の指導者たちが、国民に離脱を訴えながら、投票後、英国が辿る離脱への明確な道筋を描いていなかったことは間違いない。本当に選挙戦で勝利できると確信していた訳でもなさそうだ。だから英政界関係者の間では、選挙に勝ったものの、逆に前途多難の政権運営に嫌気がさして表舞台から消えたのではないかとの観測が流れている。

「僅差で敗北して存在感高める」という思惑

そういえば国民投票の選挙で勝利したにもかかわらずジョンソン氏は、冴えない表情だった。キャメロン首相が国民投票の敗北を認めて辞任会見を行った24日朝、首相の会見から遅れること数時間、ロンドン市内で記者会見を開いたジョンソン氏は、キャンペーン中に見せた威勢の良い大声や軽口も消えて、勝利宣言の晴れ舞台に笑顔がなかった。

「この結果で英国が分裂するわけではない。これからも英国は欧州の大国であり続けるからだ」

凍り付いた表情で声明を読み上げるのが精一杯だった。

ジョンソン氏も思惑が外れたからだ。かつてデイリー・テレグラフ紙のブリュッセル特派員としてEUの官僚制を「非民主的で無駄が多い」と酷評してきたが、今年2月下旬、キャメロン首相が6月にEU離脱か残留かを巡る国民投票に踏み切ると宣言すると、EU改革のみならず離脱の主張を唱えるまでになり、内外から注目を集めた。

この背景には生涯のライバルであるキャメロン首相の存在がある。共に裕福な家庭に生まれ、イートン校から名門オックスフォード大学に進んだエリート。上流階級や金持ち男子学生が集う会員制社交クラブ「ブリンドン・クラブ」でジョンソン氏が2年先輩だった。当時はジョンソン氏が学業の成績も人望も抜きん出ていた。2010年に戦後最年少の43歳で一足早く首相に就任したキャメロン氏を、ジョンソン氏はロンドン市長として支えてきたが、最高権力への野心は少なくなかった。そんなジョンソン氏には、国民投票は権力を掌握する絶好の機会と受け取めていた。

「デイブ（キャメロン首相）を敵に回すことは望まないことだが……」

今年2月21日、ジョンソン氏は、首相の残留支持要請を断り、次期首相を狙って「離脱派」支持に回る賭けに出たのだった。政権内ではオズボーン財務相がキャメロン首相の後継者と目され、首相の思惑通り、残留すればオズボーン財務相が首相を後継するという既定方針が敷かれていた。ジョンソン氏からすれば、「残留派」として活動しても、首相の座は見えてこない。「離脱派」として政治的に存在感を高めることで後継レースを有利に進めようという賭けに出たのだった。

しかし、ジョンソン氏が本心から「離脱」を志向していたかどうかは疑問が残る。ニューヨーク生まれで幼少期をEU官僚だった父とともにブリュッセルで過ごし、フランス語、ドイツ語、イタリア語にも通じてロシアやトルコのルーツも持つコスモポリタン（国際人）のジョンソン氏は欧州との共存、つまり「残留」が本音だったのではないかとの疑惑が取り沙汰されている。

ジョンソン氏は、尊敬するチャーチル首相が提唱した欧州合衆国の理念を誰よりも理解していた。3年前に英テレビのインタビューで、「単一市場の支持者だ。国民投票が実現したら、残留に投じる」と答えている。

政治信条を変えてでも国民投票を権力闘争の手段としたフシがあるジョンソン氏は、「離脱派」に勝機があると考えていたのだろうか。

保守党閣僚は「ジョンソン氏本人は、国民投票で離脱派が敗れると予想していただろう」と英紙に語っている。たとえ国民投票で敗北してもEU懐疑派が多い保守党の重鎮たちからの支持を得られれば、党内で求心力が増して次期首相への足場になるからだ。

別の保守党関係者は、「僅差で負けて存在感を高めるのがベストシナリオだった」と推測している。だから51・9％と48・1％という僅差での勝利はジョンソン氏にとっても想定外の誤算だったに違いない。さらに勝者となっても盟友のゴーブ氏の裏切りという誤算も加わった。

誤算続きで退場を余儀なくされたジョンソン氏にとっても、一世一代の賭けが成功したとはいえなかった。

史上2人目の女性首相の誕生

対抗馬の失言で漁夫の利

キャメロン首相の後継者となったのは、テリーザ・メイ内相だった。

「光栄で身の引き締まる思い」。ロンドンの通称ビッグベンの時計台を併設するウエストミンスター宮殿（国会議事堂前）前で7月11日、同僚議員らに拍手と歓声で迎えられたメイ氏は保守党党首就任の喜びを記者団に語った。同じく保守党党首選で最終候補に残っていた「離脱派」のエネルギー閣外相、アンドレア・レッドソムが出馬を辞退したため、急転直下、保守党党首に就任。辞任するキャメロン首相の後継として、エリザベス女王の任命を受けて13日に首相に就任した。1979～90年の故サッチャー首相に次いで26年ぶりに2人目の女性首相が誕生した。

焦点のEUとの交渉について、「離脱は離脱だ」「EU離脱に当たり、最善の合意をもたらす交渉を行う必要がある」と明言した。残留派に属していたが、2度目の国民投票や離脱後にＥＵに再加盟する可能性を否定して、首相として英国とＥＵとの新たな関係を構築する決意を表明した。メイ氏は移民流入を制限しつつ単一市場へのアクセス維持を目論み、ＥＵ離脱交渉の開始時期も年明け以降と述べ、就任早々、独仏を訪問し、ドイツのアンゲラ・メルケル首相とフランスのフランソワ・オランド大統領から来年以降の交渉開始について一定の理解を得た。国民投票を通じて分断された英国を再び結束させ、「前向きな新たなビジョン」を示す必要性にも言及して、「よりよい英国」を共につくろうと訴えた。

キャメロン氏は事実上、後継者に指名したメイ氏の次期首相就任決定について、「喜んでいる」「全面的に支援する」と語った。離脱派のリーダーだったジョンソン氏や党首選を共に戦ったゴーブ氏も、メイ氏を支援すると表明した。

本来は約15万人の党員投票を経て9月9日に結果が発表される予定で、メイ氏は苦戦も予想されていた。だが対抗馬のレッドソム氏が失言などで自滅し、あっさり首相の座が転がり込んだのだ。

レッドソム氏は下院議員による予備投票ではメイ氏に引き離されたが、6月の国民投票では離脱を強く訴えていたことから、離脱派が多い一般党員の決選投票では勝機があるとされていた。ところが２０１０年に下院議員に初当選したばかりで、経験不足が常に指摘され、売り物の金融業界での経験も、誇張があるとの疑惑が持ち上がり、指導者としての資質を指摘され始めた。

決定打になったのは、9日付のタイムズ紙のインタビューで、「母親であることは国の将来により重い責任を負うことになる」と答えたことだった。

3人の子供を産み育てた自分の方が子供を持たないメイ氏よりも首相に適任と主張したことが、メイ氏をおとしめるような発言と内外で受け止められ、批判が集中した。

メイ氏に並ぶ本命候補はジョンソン前ロンドン市長だった。しかし前述の通りジョンソン氏は盟友のゴーブ司法相の突然の立候補で出馬辞退に追い込まれ、ゴーブ氏もその経緯が「裏切り」と非難され、第1回投票で脱落した。党内の実力者が次々と退場する中、漁夫の利を得たようにメイ氏が次期首相の椅子に座ることになった。

牧師の娘で経験豊富な実務派

「牧師の娘、軍人の孫として育ち、物心ついたときから社会に奉仕したいと思っていた」。

「鉄の女」といわれたサッチャー氏以来の女性首相に就任したメイ氏は、党首選出馬の際に、こう語っている。

「華」はなくても「目の前の仕事を片付けていく」タイプと自ら評する、経験豊富な実務派だ。

2010年にキャメロン政権発足から6年間、内相を務めた。第二次大戦後最長だ。過去半世紀で最大規模の警察改革を指揮し、政府統計によれば犯罪率も減り続けている。武装組織との関わりが指摘されたヨルダン人のイスラム過激派聖職者アブ・カタダを強制送還し、深刻化する移民問題やテロ対策で出入国管理を厳格にするなど、治安対策において業績を重ねた。また12年まで女性・機会均等担当相も兼務した。

メイ氏は1956年10月、南部イースト・サセックス州イーストボーンで英国国教会の牧師家庭に生まれた。公立高校を出てオックスフォード大で地理学を学び、卒業後は英国の中央銀行イングランド銀行など金融機関で勤務する一方、ロンドンで区議会議員を務めたことが転機となり、97年に下院議員に初当選。2002年に保守党初の女性幹事長に就任している。

保守党内で欧州懐疑派だったが、欧州単一市場を支持する現実主義的立場からEU残留派に属した。しかし表だった行動は控え、調整役に徹した。国民投票後は「国民は離脱を決めている」と語り、2度目の国民投票やEU再加盟をすることなく離脱の交渉を進める。ただし離脱通告は年末までしないとしている。

英国企業がEU市場に従来に近い形でアクセスできることを最優先課題とすると説明しており、キャメロン政権が掲げていた緊縮財政もほぼ継承する見込みだ。

英紙に執筆したコラムで、自分を「普通の英国人の代表」と表現し、庶民感覚で国民の生活により理解があると強調している。また、「無人島に行くならVOGUEを持っていきたい」と語るほど英政界きってのおしゃれとしても知られ、ヒョウ柄の靴やカラフルな服装も注目を集める。趣味は山歩きと料理。学生時代に出会った夫と2人暮らしである。56歳の時に1型糖尿病を発症。英国糖尿病学会のインタビューに、「糖尿病であることは、何に対しても障壁にならない。糖尿病だからといって諦めなければならないことはないと、多くの人に知ってほしい」と答えている。

労働党も分裂

「ジェレミー・コービン党首は信任を失った。来《きた》る総選挙に備えて党の団結が必要。党首の座を目指す」

英国の最大野党・労働党の「影の首席大臣」を務めたアンジェラ・イーグル下院議員は7

月11日、ついに労働党党首選への出馬を正式表明した。選挙実施に必要な下院議員ら51人の推薦を取り付けており、労働党は12日に全国執行委員会を開き、党首選実施を決定、「コービン降ろし」の動きが表面化した。

議会制民主主義発祥の地として2大政党制の手本とされてきた英国だが、EU離脱を巡る国民投票では、与党・保守党のみならず、最大野党の労働党も亀裂が生じ、二大政党が党首選を行う異例の事態となった。

労働党は残留を訴え、下院議員の9割以上が残留を支持したにもかかわらず、もともと最左派のコービン党首が積極的に運動にかかわらなかった。保守党批判の立場からEUの財政緊縮策に懐疑的だったためだが、議員の間では、これが「敗因」として不満が高まり、コービン氏の退陣を求め、反旗を翻《ひるがえ》す動きが活発化した。

その先鋒となったのが、「影の外相」のヒラリー・ベン下院議員である。ベン氏は6月26日未明、コービン氏への不信任を表明したとしてコービン氏から更迭《こうてつ》された。ベン氏は英メディアに「彼は良い人物だがリーダーではない」と批判。ベン氏に同調する有力議員が同党の「影の内閣」を次々と去り、コービン党首への辞任圧力が高まった。

辞任メンバーの一人で「影の保健相」のハイディ・アレクサンダー氏はコービン氏に対

し、「あなたに国民の要求に応えられる能力があるとは思わない」と書簡を送って抗議した。コービン氏が積極的に残留支持運動に参加しなかった理由として、キャメロン首相ら保守党が残留運動を主導していたことが指摘されている。国益よりも党利党略を優先させた判断ではなかったかという見方が広がっている。

同党下院議員は6月28日、「このままでは総選挙で戦えない」としてコービン氏への不信任案を大差で可決。しかし、不信任案には法的拘束力がなく、コービン氏は「（党首選で）私に投票した人々の信頼を裏切るつもりはない」と辞任せず居座り続けた。

党内最左派のコービン氏は２０１５年９月の党首選で、若者らからの熱狂的な支持を背景に60％近い支持率で当選。しかし、右派を中心に同党下院議員の大多数から、コービン氏では選挙に勝てないとして反感が強まり、その代表としてイーグル氏が新たな党首を目指す決意を固めたのだった。

最終的に労働党の党首選の立候補届け出が7月20日に締め切られ、コービン現党首とオーエン・スミス前「影の雇用・年金相」の一騎打ちとなった。討論会や議員、一般党員、サポーターなどの投票を経て、9月24日に結果が発表される。

女性のイーグル氏が立候補を表明していたが、複数の世論調査でスミス氏よりも支持率が低かったため、出馬を断念し、「反コービン」統一候補としてスミス氏に一本化された。労働党も分裂状態が続き、二大政党として不測の事態に保守党にとって代わる存在ではなくなった。

与党保守党では、下院議員の6割弱が残留支持で離脱支持の4割を超え、閣内でも5人の閣僚が公然と離脱を支持して党内で分裂した。労働党では党として残留支持を打ち出し、下院議員の9割以上が残留を支持したものの、残留を主張するエリートへの反発から、地方のブルーカラー（労働者）を中心に離脱に流れた支持者も少なからずいた。支持者の約4割が党の指導に従わず離脱に投じたといわれる。保守、労働両党ともに支持者が離脱と残留に割れて、政党が民意をまとめられなくなった。国民投票では、政党間対立よりも政党内対立が目立った。英国の2大政党がともに党首選を行い、EU離脱決定を受けた英政局の混迷は一層深まった。

イギリス社会の分断

高齢者とブルーカラー（労働者）が離脱支持

亀裂が生じたのは二大政党だけではなかった。英国社会全体で大きな分断が生まれた。

ＢＢＣ放送によると、国民投票で18歳から24歳の若年層では、72％が残留を支持、離脱支持は28％だった。一方、65歳以上の高齢者は逆に６割近い58％が離脱を支持、残留は42％だった。

英調査機関ロード・アシュクロフトが実施した１万２３６９人の投票分析によると、世代間の断裂が顕著に表れたという。18～24歳の73％、25～34歳の62％が残留を支持。しかし65歳以上では60％が離脱に投票を投じたそうだ。

世論調査会社ユーガブの調査でも、18～24歳の約４分の３が残留に票を投じたとされる。

英国がＥＵの前身である欧州共同体（ＥＣ）に加盟したのは１９７３年。43年前である。ということは、40代後半以降の層は欧州とは一線を画していた時代を知っていて、第二次大戦に勝利した大英帝国への郷愁を抱き、かつてのように英国だけで十分やっていけると感じたのだろう。一方40代前半までは、「欧州の一つである英国」しか知らない世代である。欧州と共に歩む道を選んだのも自然の流れだった。

英メディアも世代間の差異について述べている。ガーディアン紙は「75％の若者は何を感じたか」と題した24日付の記事で、多くの若い読者から離脱決定に対する怒りの意見が届いたことを記している。また、インターネットでは投票のやり直しを求める署名活動が広がった。

社会階層では、ホワイトカラー（専門・事務職）の58％が残留支持して42％が離脱だったのに対し、ブルーカラー（労働者）では56％が離脱で44％が残留支持と正反対の傾向が出た。

離脱を支持したのは主として高齢者とブルーカラーとなるが、その判断の背景には移民問題がある。若年層やホワイトカラーの人たちが移民の急増に寛容で、経済的にプラスになると受け止めたのに対し、高齢者やブルーカラーは移民流入が英国社会に変化をもたらすことを懸念した。

地方の反乱

地域別の投票結果をみると、イングランドとウェールズで離脱票が残留票を大きく上回ったが、スコットランドと北アイルランドでは残留票が多数を占めた。連合王国の人口の8割を占めるイングランドで、ロンドンをはじめ大都市部は残留派が強かった。離脱支持が多数の地区は、労働者階級が多いとされるイングランド地方部に集中する。

ロンドン・スクール・オブ・エコノミクス（ＬＳＥ）のサイモン・ヒックス教授（政治学）は「グローバリゼーションの進展で旧来の保守党、労働党などの政党支持の枠を超えた分裂が広がった」と指摘、「移民により利益を得る都市在住で比較的若い高学歴のコスモポリタン」が現状維持から残留を支持し、「移民から雇用などの脅威を受ける、地方在住で恵まれていないと感じている旧世代」が中央のエスタブリッシュメント（支配階級）への反乱の意味を込めて離脱に票を投じたと分析する。

移民が少ない地域で、ほとんどの人が離脱票を投じた

「大量の移民を受け入れ続けることはできなかったからだ」。ブリュッセルで6月28日、国民投票後初めて開催されたＥＵ首脳会議で、キャメロン首相は、離脱票が残留票を上回った理由について、こう説明した。

移民問題が、国民投票の争点になったことは間違いない。ＥＵの域内では、加盟国の国民

は自由に移動して働くことができる。英国への移民の流入は年間で30万人以上という高水準が続いている。ジョンソン氏らEU離脱派は「移民が雇用を奪う」「福祉サービスを受ける権利を乱用している」などとアピールし、離脱すれば中東欧などからの移民流入を制限できると訴え、支持を広げた。

では、移民が流入している地域の住民は、離脱に票を投じたのだろうか。

ガーディアン紙が分析したところでは、移民が2015年の1年間に約6000人と急増したロンドン南西部ワンズワースでは、80％が残留票を投じた。また同じく移民が6000人以上増えたロンドン北部ハリンゲイでは、80％以上が残留に投票した。ロンドンとスコットランドの首都エディンバラの多くの地区では、年間に数千人の移民の流入があるにもかかわらず70％以上が残留票だった。

一方、95％以上が離脱に投じたイングランド南東部ノーフォーク州グレートヤーマスでは、2015年の移民は2000人強だった。また、移民流入が2000人程度のイングランド東部エセックス州サロックでも、90％以上が離脱を選択した。また昨年の総選挙で英国独立党（UKIP）が約34％（全国平均約12％）の票を集め、注目を集めた東部リンカーンシャー州の港町ボストンでも流入する移民は年間約2000人だが、80％が離脱に投じた。意外にも移民流入が少ない地域（とりわけイングランド）でほとんどの人が離脱票に投じた。

ガーディアン紙は、「離脱派が勝利したのは人々が移民に対する恐怖を感じたためで、移民そのものではなかった」と指摘している。

社会階層の二極化

国民投票の対立構造が、エスタブリッシュメント（支配階級）と庶民という社会階層を二極化させる形式になった。与党・保守党はキャメロン首相はじめ多数、野党・労働党もほとんどの議員が、経済界など著名なエリートたちもこぞって残留を支持したのに対して、離脱派はジョンソン前ロンドン市長のほかファラージュ英国独立党（ＵＫＩＰ）党首という政治の本流から極端に外れた異端児だけだった。しかし、主流派でなかったことで政治不信を募らせる一般庶民が反エリートの立場から離脱に流れたこともあった。

冷戦後、英国の政治の主役となっていた中流の穏健な中間層は鳴りをひそめた。ここでも保守党が年齢の高い富裕層、労働党が労働組合にターゲットを絞ったため二極化して、残された大多数が沈黙した。浮動層の草刈り場となって、最終的に移民への反発と反グローバル志向で離脱に流れたもようだ。

とりわけ経済が疲弊するイングランド地方部の庶民である労働者は、都市部のエリートや企業がグローバル化による利益を独占して庶民には還元されないと考え、EUの是非を問う国民投票が国内の経済問題にすり替えられた。本来はEUに加入しているからこそ雇用確保や社会保障が維持されているにもかかわらず、経済上の苦境の原因をEUに求め、離脱派が主張した「主権を取り戻そう」という要求に希望を見出したのであった。

一般庶民の不安や不満をあおって既存体制と対決する政治手法をポピュリズムというが、ジョンソン氏ら離脱派がとったエリート対庶民の構図もそうだった。米大統領選で共和党候補のトランプ氏が取った行動と酷似しており、極右政党が台頭する欧州のフランスやイタリアなどの先進国でも同様に見られる手法だ。

移民の流入に不安と恐怖を抱く地方の庶民に対してジョンソン氏らが行った「『人の移動が自由』のEUから離脱すれば、移民を抑制できる」という主張が大きな意味を持った。投票後、移民の抑制ができるという離脱派の主張には虚偽があることが判明するが、経済的に疲弊し支配階級に不満を持つ庶民、中産階級には「反EU」を唱える離脱派のポピュリズムが大きく響いて、残留主張の支配階級への反乱となった。

「エリートの威嚇」へのいらだち

オバマ米大統領や安倍首相など世界の首脳や国際通貨基金（IMF）、経済開発機構（OECD）などの国際機関がこぞってEU残留を訴えたにもかかわらず、離脱票が上回ったのはなぜだろうか。

「日本経済は大失敗した。それなのになぜ、英国はEU離脱について安倍首相に耳を傾ける必要があるのか」

デイリー・テレグラフ紙に、訪英した安倍晋三首相に対する辛辣《しんらつ》な批判が載ったのは5月6日のことだった。

安倍首相が同5日にダウニング10（首相官邸）で、「英国はEUに残留することが望ましい」「世界にとって強いEUに英国がいるほうがよい」とキャメロン首相が掲げる残留支持を表明したことに、離脱支持の読者が多い同紙が過剰反応した報道だった。その背景には、EU離脱問題についてG7（主要国）首脳会議開催国、日本の安倍首相から残留を諭されたことが容認できない離脱派のいらだちがあった。

Br·i·ta·in（英国）とEx·i·t（出る）を組み合わせたEU離脱問題「Brex·i·t（ブレ

グジット)」をめぐって、外国首脳のキャメロン首相への側面支援に離脱派が反発するのは初めてではない。エリザベス女王の90歳誕生祝いに訪英したオバマ米大統領が4月22日、キャメロン首相に残留支持を表明し、離脱なら、米国との貿易協定の交渉の優先度で「英国は列の後ろに並ぶ」と警告すると、ジョンソン氏は「内政干渉だ」と批判。オバマ大統領の実父が英国の旧植民地のケニア出身だったことから、「ケニア人の血を引く大統領の家系が英国に敵意を抱いている」と反発。またEU離脱を主張するファラージュ氏は「これまでで最も反英の米大統領だ」と批判した。

キャメロン首相らは離脱すると、経済上のリスクが大きいと一貫して「経済」を訴えた。しかし安倍首相やオバマ大統領ら英国内外の圧倒的多数のエリートたちが残留を訴えたことが、逆に政治不信が根強い有権者から反発を買い、離脱に票が流れた。

残留派が盛んに強調した、離脱に伴う経済リスクを一般庶民たちは「エリートによる威嚇だ」と受け止め、エリートに対する反発が広がった。

なぜ離脱派が台頭したのか

移民急増への強い憤り

そもそも、なにゆえ欧州の大国である英国でＥＵ離脱論が高まったのだろうか。それは３年前の２０１３年に遡《さかのぼ》る。80年代後半以降の、ＥＵが市場統合から通貨統合に向かう動きを先導したのは独仏であり、英国は後塵《こうじん》を拝した。欧州債務危機を契機に、独仏中心のユーロ圏は、危険な債券を売って利益を上げた金融機関の規制強化を始めた。金融街シティが経済の柱である英国にとっては死活問題になりかねず、反ＥＵ感情が強まった。

英国独立党（ＵＫＩＰ）が保守党から支持者を奪い始め、与党保守党内でもＥＵ主導政治に批判的な見方が強まり、焦ったキャメロン首相が15年の総選挙で保守党が勝つことを条件に17年末までに国民投票を実施すると約束したのは前に書いた。

英国は世界で最も開かれたグローバル金融市場を運営している国であり、ＥＵに所属していることのメリットは計り知れない。それをよく承知するキャメロン首相は、ＥＵ残留を主張し続けた。

そして、離脱派が台頭した最も大きな要因が、ＥＵ内とりわけ社会主義国だった東欧諸国から押し寄せる移民の急増だ。経済運営が順調な英国には、ドイツと同様、移民が大量に流入している。旧来のインドやアフリカなど旧植民地のほかに、ブレア政権時代の２０００年以降、ＥＵ新規加盟国から移民を積極的に受け入れてきた。安価で質の良い労働力の流入は経済に活況をもたらした。ところが08年以降の金融危機以来、白人の労働者階級を中心に「仕事を取られた」「社会福祉制度の重荷になっている」との不満が広がった。彼らがＢｒｅｘｉｔを支持する層の中心となった。

15年度の移民の純増数は33万人強で過去最高となり、英国内の一部からは制限すべきとの声が上がったが、ＥＵのルールとの関係で政策を自由に決められない。英国は欧州の大半を国境検査なしで移動できる「シェンゲン協定」には加盟していないが、より基本的な移民抑制措置として、ＥＵ離脱を求める動きが生まれたのだった。

ジョンソン氏ら離脱派は、「離脱後に純流入数を減らして国民の仕事を守り、福祉制度への『ただ乗り』を防ぐ」と主張。ＥＵから離脱できなければ、急増する移民を制限できないと説いた。さらに、長期化するシリア内戦で中東や北アフリカからの難民が増加しており、それへの対策が遅れたことも離脱派の反EU機運を後押しした。

またフランスやベルギーで移民やその子弟によるテロが続発したことも、「移動の自由は英国の安全を脅かす。EU離脱でより厳格に国境管理すべき」（ファラージュ氏）とEU懐疑論に拍車がかかった。

経済的不利益より主権回復

EUは基本的に国家統合をめざすもので、EU内で決められたルールは例外なく域内に適用しなければならない。このEUの官僚体質への反発も根深い。EU残留の支持者からも非難の声が上がることがある。

EUは巨大な公務員組織を抱え、その規模や複雑さは、公務員天国と呼ばれる日本をはるかに凌駕《りょうが》する。洋の東西を問わず公務員は高圧的で杓子《しゃくし》定規のため、英国内では「主権が干渉されている」との不満が絶えない。

歴史的に自由競争を通じた活力を重要視する英国と、政府による民間への介入を是《ぜ》とする大陸欧州では、規制に対する溝は少なくない。多くの英国民は、労働時間規制や製品の安全基準などEUのルールは厳格すぎると受け止めている。金融街のシティでも銀行員の報酬制限や金融取引税導入などに対する抵抗は大きい。
そもそもＥＵは加盟国には緊縮財政を強《し》いるのに、英国からの支出は過去10年で４割強増えた。２０１４年、英国がＥＵ予算で負担した金額は１４０億ユーロ（約１兆６５００億円）。財源は各国分担だから英国はドイツ、フランスとともに配分される予算よりも分担金が多くなり、２０１４年度で43億ユーロ（約５４００億円）もの「赤字」となる。またＥＵ予算の半分以上が農業や域内の低所得国への補助に使用される。このため、英国民にはＥＵ官僚が権限と組織を肥大化させていると映ったのだ。

そこで離脱派は「英国が欧州の自由貿易圏の一部であり続けることは可能だ」として「英国は毎週３億５０００万ポンドをＥＵに払っている」のに、規制でがんじがらめだと指摘、その分を崩壊寸前の国民保健サービス（ＮＨＳ）など社会保障や医療に回すべきだと説いた。さらに、「規制を緩和して、ＥＵよりも中国やインドなどの新興国と独自に自由貿易協定（ＦＴＡ）を結んだほうが英国の競争力を増す」と訴えた。

実際に離脱すれば、英政府はＥＵなどと貿易などに関する取り決めを新たに結ぶ必要性が生じてくる。交渉には最長10年の期間が必要とされ、その間不透明感が強くなる。産業界の投資は延期され、金融センターであるシティの地位が低下し、グローバル企業が欧州の統括拠点を英国から欧州大陸に移して、経済が空洞化していく可能性もある。ポンドは急落し、英国の経済に重大な影響を与えることは間違いない。英財務省は国内総生産（GDP）が2030年までに6％落ち込み、英産業連盟（CBI）は95万人が失業すると試算した。悪影響は英国に留《とど》まらず、世界的なリスクは避けられない。

経済的には輸出入の半分以上を依存する欧州大陸と断絶しては存立しないことを理解しながら、離脱派はEUから離れて英国の議会だけで物事が決められるようになることは主権回復を意味すると訴えた。ジョンソン氏らは、「経済での目先の不利益は主権回復に必要なコストで、長期的には離脱が国益にかなうはずだ」と問いかけた。

こうした主張が、移民急増で生活を脅かされかねないブルーカラーから中間層の心を捉えた。ロンドン・スクール・オブ・エコノミクス（LSE）のサイモン・ヒックス教授の分析では、離脱を支持した有権者は、白人で保守党を支持する低学歴の中高年で、「移民問題」に最も関心を示す中間層という。経済停滞により生じた彼らのEUと社会の現状に対する憎悪と不信を汲み取った点で、ジョンソン氏ら離脱派はポピュリストであり、米大統領選で中間層の不満に便乗して共和党候補となったトランプ氏と酷似している。

そこには、欧州よりも英国を優先する、身勝手で排他的なイングランドナショナリズムが見え隠れする。こうした現象はイスラム移民排斥が強まるフランスや、シリア難民を拒否する東欧諸国、スペインからの分離独立を唱えるカタルーニャ地方など昨今の欧州に共通するものだ。

孤立への郷愁

西側の政治トレンド

「無責任で不誠実な離脱を選択すれば、歴史上の汚点になる」。保守党のメージャー元首相と労働党のブレア元首相が6月9日、北アイルランドで揃って講演、唇をふるわせて訴えた。

「英国はEUに毎週3億5000万ポンド（約480億円）拠出させられている」「トルコがEUに加盟し、移民が英国に押し寄せる」などと国民の不満や危機感に訴えるジョンソン氏を、メージャー氏は出演したテレビ番組で「宮廷の道化師」と指弾した。

拠出金は大半が補助金などの形で英国に還元されており、またトルコがEUに加盟する見通しは当面ないからだ。実際に投票後、離脱派の主張には虚偽があったことが判明して、国民に悔恨が広がる原因となった。

内向きの大衆迎合的ナショナリズムに訴えるジョンソン氏ら離脱派はトランプ化して暴走

した。労働党のブラウン前首相は、「トランプ、ジョンソン、（フランスの極右政党、国民戦線〔FN〕の党首）ル・ペンには内向きの孤立主義者で排外主義者、愛国主義者の行動を取る点で共通性がある」と分析し、「西側の政治トレンドだ」と指摘した。

奏功した「ワンフレーズ・ポリティクス」

「郵政民営化は改革の本丸」と連呼して2005年の衆議院選挙で圧勝した小泉純一郎元首相の「ワンフレーズ・ポリティクス」は記憶に新しい。今回の英国の国民投票の選挙選で離脱派が勝利したのも、ジョンソン氏ら離脱派が、繰り返して唱えた「バック・トゥ・ザ・コントロール（主権を取り戻そう）」のキャッチ・フレーズが奏功したとの見方がある。離脱派が勢いを増した背景に、移民やEUに対する国民の根強い不満があり、「ワンフレーズ」でその不満をあおる手法が効果を上げたといってよい。

残留派は国際通貨基金（IMF）や経済協力開発機構（OECD）やオバマ米大統領や安倍首相らの「支援」を得て離脱の経済リスクを訴え、支持で優勢に立っていた。しかし5月末に発表の統計で昨年の英国への移民流入が30万人を超え、政権が掲げた10万人を大幅に上回り、過去2番目の高い水準だったことで流れが変わった。

離脱派は「移民問題」に焦点を絞り、「EUに留まれば、移民は抑制できない」と攻勢をかけ、形勢逆転した。選挙を経ていないEUの官僚によって規制や政策が決定されることに対する不満を捉えて、「バック・トゥ・ザ・コントロール(主権を取り戻そう)」とのキャッチ・フレーズでアピールしたのだ。これが有権者にわかりやすいメッセージとなった。「テロリストや殺人者が路上にうようよいるのに、我々には追い返せない」「離脱すれば100億ポンド(約1兆5200億円)が自由に使える」

遊説やテレビ討論でジョンソン氏らは、いつも最後に「主権を取り戻そう」と強調し、移民の急増に不満を抱く白人の中間層を中心に支持を集めた。

英国では、東欧からの移民が増え続けることで職を奪われ、住宅不足が広がり、NHSなど社会保障が圧迫されているとの不満が根強い。とりわけ大英帝国時代に郷愁を抱く地方の高齢の白人や労働者にその傾向がみられる。「移民・難民を受け入れたくない」のが本音だ。

知識層の不満も根強い。英国を代表する製造業メーカー、ダイソン創業者のジェームズ・ダイソン氏はデイリー・テレグラフ紙に「過去25年、EUの規制に我々の主張が反映されたことは一度もない」「人生でもビジネスでも、最も大切なのは決定権だ。欧州の手に自らを委ねるのは危険だ」と反EUで離脱支持を表明した。

名誉ある孤立

なぜ、そこまで英国は「主権」回復にこだわるのか。

「Fog in the channel continent isolated」(海峡から濃霧　大陸から孤立)

ドーバー海峡に霧が立ち込めた際、タイムズ紙がこのように報じたように、濃霧によって大陸(欧州)から切り離されるイメージが英国人を安らかにする。「欧州と一緒にはなりたくない」という民族感情があるのだ。EU懐疑論の背景には、名誉ある孤立を尊び、EUを憎悪する誇り高い反欧州感情がある。

15世紀の百年戦争以来、フランスとは19世紀に三度戦い、ペスト(黒死病)の大流行や二つの世界大戦も大陸から始まった。

世界に君臨した大英帝国時代から育まれた「英国と大陸欧州は違う」との自負心から、大英帝国を知る世代を中心に「自国だけでやっていける」との思いが強い。このため、EUの前身、欧州共同体(EC)に加入した1973年から単一通貨ユーロ圏や「シェンゲン協定」に参加せず、欧州と一線を画して半身で「独自の立ち位置」を続けてきた。英国人は、英米法という欧州大陸とは異なるきわめて民主的な法体系をもつ。政治統合を避けてビジネスでの統合に留まり、一定の距離を保ってきた。

欧州経済共同体（ＥＥＣ、ＥＵの前身）に加盟していたときも、１９７５年に国民投票を行った。「英国病」といわれ、不況のどん底だったため、堅調な欧州経済への魅力から残留が67・2％と離脱を回避した。だがその後も、共通通貨ユーロに加わらず、「欧州統合」に一定の距離を置いてきた。離脱へ2度目の〝挑戦〟となった今回は、欧州諸国が債務危機で、相対的に経済の優位性が高まり、英国にＥＵの幻想はない。むしろユーロ危機を通して統合を進めるＥＵは規制を強め、主権制限されることに抵抗があり、失望が広がった。

高齢者の大英帝国への郷愁

そもそも「統一ヨーロッパ」を構想したのは英国のチャーチル元首相だった。ところがソ連が崩壊し、旧東欧諸国がこぞって加盟して28カ国体制となったＥＵの主導権を握っているのは、ライバルの独仏だ。多くの英国人が、独仏に先導されるＥＵには従いたくないと考えた。

キングスカレッジ・ロンドンのアナン・メノン教授は、「離脱支持者の背景には、高齢者が失われた大英帝国を懐かしむノスタルジーもあり、大国主義の名残が見え隠れする」と指摘。対照的にＥＵの中の英国として育った若い世代が残留を支持した。ＥＵ憎悪と帝国への郷愁という理屈を超えた感情がイングランドナショナリズムと結び付き、「労働者と中間層の不満を離脱派が内向きのポピュリズムで取り込んだ」（メノン教授）との見方が有力だ。

筆者はソ連崩壊後の90年代後半にロシアに駐在した際に、中高年のロシア人たちがソ連時代に郷愁を抱いていたことを覚えている。市場経済化の波に乗って経済的に豊かになる若い世代に比べて、暮らし向きがよくならない高齢者たちは、厳しい国家統制がありながら、米国と覇を競う超大国としてそれなりに暮らせたソ連時代の方が良かったと懐かしんでいた。

ソ連崩壊から四半世紀、英国では今回の国民投票でグローバル化から取り残されて豊かになれない中産階級の高齢者たちが、かつて七つの海を支配して「日の沈まぬ」大国といわれた大英帝国を懐かしむ姿があった。90年代後半のロシアで見た光景と酷似していることに驚く。

いずれも深層心理に大国主義がある。英国の古き良き時代を知る高齢者は、そもそも73年にＥＵに加入したのは、英国はオイルショックにより経済が最悪で「英国病」で瀕死の状態だったため、経済が好調だった大陸欧州の顰《ひそ》みに倣うメリットがあったからだと受け止めている。それが現在は経済状況が欧州と逆転したうえ、２００４年以降、東欧へのＥＵ拡大で移民が流入して国内の雇用が減る懸念が生じたため、「ＥＵ加入前の英国の方が幸せだった」という郷愁が生まれたのである。

扇情的論戦が招いたテロ

凶弾に倒れた難民支援の政治家

ロンドンのシンボル、ビッグベンの時計塔に隣接するウエストミンスター宮殿（国会議事堂）に6月17日、ユニオンジャックの半旗が掲げられた。

EU離脱の是非を問う国民投票を控えた同16日、英中部バーストールで凶弾に倒れた残留派のジョー・コックス下院議員に英議会が弔意を示すためだ。議事堂前やバーストールの聖ピーター教会では、追悼集会が行われ、大勢の市民がろうそくの明かりを前に黙禱、涙を流し、悲しみをあらわにした。BBC放送は17日朝からコックス議員の哀悼番組を流した。英王室は、エリザベス女王がコックス議員の夫にお悔やみ状を送ると発表した。

残留派のコックス議員が、排外思想を持ったとされる男に強い殺意を持って計画的に銃殺されたことに英国が衝撃を受けた。タイムズ紙によると、コックス議員は最近3カ月間、嫌がらせのメッセージを受け、警察が身辺警護の強化を検討していた。英国市民が尊重してきた民主主義が暴力テロともいえる凶弾に抹殺されてしまう危機にさらされたためだ。凶行の背景に、離脱派、存続派双方の扇情的で過熱した選挙運動が指摘される。

昨年春の総選挙で初当選したコックス議員は、95年にケンブリッジ大学を卒業後、複数の慈善団体で人道支援活動に携わり、シリア支援の超党派議員団として難民支援に取り組み、シリア空爆をめぐる議決でも棄権した。

コックス議員は、ツイッターで「移民問題は大切な関心事だが、EU離脱の理由にはならない」と残留を呼びかけていた。「ブリテン・ファースト」「英国を優先しろ」と叫び、銃撃に及んだ男の背後関係は明らかではないが、移民抑制を公約の最優先に掲げる離脱支持者には、移民や難民支援を推進していたコックス議員の行動は看過できなかったのかもしれない。

「EUはヒトラーだ」「主権を取り戻せ」と繰り返す離脱派の主張に、国民は内向きの大衆迎合（ポピュリズム）的ナショナリズムを駆り立てられた。経済のグローバル化に取り残された庶民は「英国は負け組」と受け止め、不満の矛先を英政府、そしてEUに向けた。一方、「離脱が決まれば、景気後退から世界恐慌」と経済損失の「恐怖」に訴えた残留派の戦略も国民の不安をあおり、英国を二分する論戦になった。激しい論戦で「どちらの主張が正しいのか判断がつかない」と思い悩んだ有権者も少なくなかった。

過熱する扇情的な論戦が議員の凶弾テロを招いたともいえる。事件を受けて残留、離脱両派が集会などの運動を中止した。銃撃事件まで発展した両派対立のしこりは投票後も残り、英国内の混乱に拍車をかけた。

ポーランド移民への排撃

国民投票で移民制限を掲げた離脱派に勝利をもたらしたのは、庶民の怒りだった。その矛先は移民、グローバル化、社会自由主義だった。あたかも勝利で憎悪を広めることにお墨付きを得たかのように曲解して、投票後に英国内で、ポーランドなどからの外国人への差別的暴言など憎悪犯罪が相次いだ。反移民感情に拍車が掛かったとの見方が有力で、キャメロン首相は閣議で非難。ロンドン警視庁は「憎悪犯罪（ヘイトクライム）」として取り締まりを強化する騒ぎになった。

ロンドン警視庁によると、投票から3日後の26日朝、ロンドン西部アクトンにあるポーランド社会文化協会の建物入り口のガラスに「うせろ」という殴り書きが見つかった。警視庁で調べたところ、監視カメラに同日早朝、フードをかぶった男が建物に自転車で近づいて黄色いスプレーで落書きする様子が映っていた。警視庁は「憎悪犯罪を許さない」と捜査した。

また英メディアによると、ロンドンから北の郊外にあるハンティンドンでは、「EU離脱ポーランド害獣はもはや必要ない」と英語とポーランド語で書かれたカードが付近で配布されたという。

ポーランドが2004年にEUに加盟した後、ポーランド人が大挙、英国に働きに来ている。国家統計局の推計で14年に約80万人が英国内に住み、外国出生者では、インドに次いで多く、EUからは最多だ。このためポーランド移民の同協会が嫌がらせの標的となったとみられる。

第二次大戦中に亡命ポーランド政府があったロンドンには、祖国がソ連の衛星国として共産化したため、英国に住み着いたポーランド人のコミュニティーがあり、同協会は社交の場として60年代に開館。ジョアナ・ムジンスカ会長は「ポーランド人が歩いていて、差別的な発言をされたり、不快な言葉が書かれた紙を渡されたりしたケースが報告されている。こんなことは初めてで衝撃を受けている」と語り、ポーランド社会では「差別的扱い」を受けることへの不安が広がっている。

ポーランド以外の中東欧諸国やイスラム諸国からの移民への嫌がらせも相次ぎ、計100

件以上がソーシャルメディアなどで報告されたという。

キャメロン首相は6月27日の閣議で、こうした嫌がらせを強く非難。国連のゼイド人権高等弁務官も28日、嫌がらせの阻止に尽力するよう英当局に求めた。

英全国警察長協議会が7月8日公表した調査報告によると、6月後半警察に寄せられたヘイトクライム（憎悪犯罪）の通報は３０７６件と、前年同期比で4割以上増えた。対象期間の後半は、ＥＵ離脱を決めた国民投票後。投票結果後さらに犯罪が増加した可能性がある。

6月16〜30日の期間中、1日当たりの犯罪件数が最多だったのは、国民投票の結果が出た翌25日の計２８９件。嫌がらせ、言葉による暴力、つばを吐きかけるといった行為が目立った。

REGREXIT

ＥＵから離脱が決まった国民投票を巡り、英国民の間で戸惑いが広がった。離脱派の間で、テレビやツイッターなどで離脱へ投票したことを「後悔している」との告白が続出。離脱を回避できなかった残留支持者も国民投票のやり直しを求める署名が増え続け、ツイッターにはＲＥＧＲＥＴ（後悔）とＥＸＩＴを合わせた「ＲＥＧＲＥＸＩＴ」の造語も生まれた。

BBC放送によると、マンチェスターのアダムさんはインタビューで、「私の票にあまり意味はないと思っていた。どうせ残留だろうと予想していたから」「キャメロン首相の辞任表明には、正直言って仰天した」と述べた。

さらに投票結果の判明後、同放送のウェブサイトに「残留派が勝利すると思って何も考えずに軽い気持ちで離脱派に票を投じた。（国債や株価が急落するなど）大騒動になったことを憂慮している」などの投稿が寄せられた。離脱に投票した女性は同放送に、「2度目の機会があれば残留に入れる」と打ち明けた。

投票3日後の6月26日発表のサーベイション社の世論調査結果では、離脱投票者の7％が「離脱に入れなければよかった」と悔いており、これはイギリス全体でみると113万人に相当。実際の投票で離脱が残留を上回った127万人に近い。

選挙結果が判明後、株価下落など経済への影響が一気に表面化し、危機感を強めたために、選管に「自分の投票先を変えられないか」との問い合わせが多数寄せられた。

また、前述したが、離脱派の指導者が虚偽のPRをしていたことが判明したことに対しても、離脱支持者は不信感を募らせた。先述したように、選挙運動で英国がEU加盟国として支払っている拠出金週3億5000万ポンド（約480億円）を国民保健サービス（NHS）

の財源にしようという主張について、英国独立党のファラージュ党首がテレビで残留派の反論通り、ＥＵから英国に分配される補助金などを差し引くと、週１億数千万ポンドであることを認めた。また離脱派は移民制限を主張していたが、離脱派のハナン欧州議会議員はテレビで、「移民がゼロになるのでなく、少しだけ管理できるようになる」と述べた。

国民投票の結果判明直後の訂正だけに、ツイッターで「嘘を信じてしまった」「離脱への投票を後悔している」と離脱投票を後悔する書き込みが増加、英政府に２度目の国民投票を求める署名は４１０万人を突破した。

しかし英政府は最終的にＥＵ離脱を決めた国民投票のやり直しを求めて集まった署名に対し、やり直しはしないことを決めた。「（投票した）３３００万人以上が意志を示した。国民投票は一度きりだと説明してきており、結果は尊重されなければならない」とその理由を述べている。

だが、前述したように「ＢＲＥＸＩＴ（ブレグジット）」に関連して「ＲＥＧＲＥＸＩＴ」（リグレジット）やＢＲＩＴＡＩＮとＲＥＧＲＥＴを足した「ＢＲＥＧＲＥＴ」（ブリグレット）という造語が生まれ、ツイッターなどで使われることになった。

騒動の裏で高笑いしていたのは？

制裁解除へ一歩近づく

「経済が弱い国とその国民を食わせ、支援するなんて、誰だってしたくない」。英国の国民投票でＥＵとの訣別という選択結果が出た6月24日の朝、旧ソ連のウズベキスタンの首都タシケントを外遊中だったロシアのウラジーミル・プーチン大統領は、記者団に離脱派勝利について淡々と解説するに留まった。込み上げてくる喜びをこらえていたに違いない。

プーチンの高笑いが聞こえてきそうだ。

ウクライナ問題で欧米と対立するロシアには、対露最強硬派の英国の離脱とＥＵの弱体化は、願ってもない「好機」となるとみられる。ロシア封じ込めが、困難になるからだ。

キャメロン首相も、「離脱派はロシアを利する」と発言したが、プーチン大統領は、「全く根拠がない」と語気を強めて否定してみせた。

モスクワからはプーチン政権が、「天然ガスなどの資源の主要な輸出先である欧州の景気が冷え込めば、ロシアの不況も一段と深刻化する」として、ロシアは英国の離脱による欧州の不安定化を望まないとの「反論」が聞こえてくる。

しかし、EUが分裂すれば、ウクライナ危機に伴う欧米の対ロシア包囲網に影響を与えるのは必至だ。だからロシアに都合が悪いはずがない。

プーチン政権の最近の外交目標は、経済危機の克服に向けた欧米による制裁網の解体と対EU関係の正常化。ギリシャ、イタリアなどロシアに対して比較的柔軟なEU加盟国との関係強化を進めて切り崩しを図っていたが、対ロシア強硬派の英国がEUを離脱すれば、EUの制裁解除にさらに一歩近づくチャンスとなる。

EUが「歴史的拡大」したのは2004年4月だった。「鉄のカーテン」で分断された欧州が一つとなったEU統合に、「欧州に平和と安定」が訪れると全世界が期待。2012年に「平和と和解、民主主義と人権の向上に貢献してきた」との理由でノーベル平和賞が与えられた。

統合欧州に新加盟したのは冷戦時代にソ連の勢力圏とされたチェコ、スロヴァキア、ポーランド、ハンガリー、スロヴェニアから旧ソ連のバルト三国であるエストニア、ラトビア、リトアニア、そしてマルタ、キプロスの10カ国だった。

ポスト冷戦の敗者は、英国、EU?

そもそもEUは第二次大戦後、二度と戦争を繰り返さぬようチャーチル英首相(当時)が「ヨーロッパ合衆国」構想を打ち出したのに端を発する。ドイツとフランスの戦火を防ぐとともに仮想敵国は「鉄のカーテン」の向こうの盟主、ソ連だった。かつての勢力圏がこぞって「主敵」になびき、ソ連後継国家、ロシアは傷つき孤立したことは間違いない。

統一欧州にソ連自身が入ろうとしたことがあった。1989年11月、東西冷戦の象徴だった「ベルリンの壁」崩壊劇の最中、ゴルバチョフ・ソ連大統領は武力介入を避け、黙認を貫いた。この時に外相を務めたシェワルナゼ元ジョージア大統領から、「鉄のカーテン」を取り払い、「大西洋からウラル山脈まで」の欧州全域の安全保障確立と経済統合を目指す「欧州共通の家」構想を抱いていたことを、トビリシで直接聞いた。しかしソ連の提案は容認されず、26年たった今もロシアは欧州安保体制、経済統合から排除され、ロシア参加の統合欧州は見果てぬ夢だ。

EUに先立ち北大西洋条約機構(NATO)が東方拡大した。旧ソ連は統一後のドイツのNATO残留を認めるが、「東方拡大しない」と密約を交わしながら、ほごにされたと主張する。90年代終わりにモスクワでロシア高官から、「西側に裏切られた」との怒りの声を耳にした。

冷戦時代、欧州にはかつて二つの軍事機構があった。49年に米国、カナダ、西欧諸国で発足したNATOとこれに対抗して55年にソ連が主導して東欧諸国を束ねたワルシャワ条約機構だ。東西冷戦の終結でワルシャワ条約機構は解体したにもかかわらずNATOは存続したばかりか、東方へ加盟国を次々増やし国境に迫った。冷戦に敗れた挫折感とあいまって、NATOの東方拡大をロシアは西側の背信行為と捉えてきた。

拡大を容認したのは、97年3月、エリツィン大統領がクリントン米大統領からヘルシンキでG8（主要8カ国）入りという「大国」の地位を得たからだった。

2年後の99年、チェコ、ハンガリー、ポーランド、04年には旧ソ連だったエストニア、リトアニア、ラトビアのバルト三国までNATOに加わった。やがて新たな緩衝《かんしょう》国となったジョージア、ウクライナで紛争が勃発。ロシアは、14年春のクリミア併合を機に、せっかく入ったG8から排除される。ウクライナ危機を経てバルト東欧諸国は再びロシアの脅威を訴え、NATOは対露防衛強化に動き、ロシアは核兵器の近代化や再配備に努める。現在のロシアとNATOの関係は冷戦後、最悪といえる。

ギリシャ債務危機に端を発したユーロ危機が起き、昨年はEUに北アフリカ・中東諸国から100万人を超える難民・移民が殺到。収容を巡り加盟国対立が表面化した。英国には移民が昨年33万人も殺到、移民抑制を求めて英国人は、国民投票でEUとの訣別を選んだ。EU残留・離脱の激しい論戦が社会の「分断」を招き、キャメロン首相は辞任、政権は弱体化した。EUとの修復できない溝が深まった。欧州各国で反EUを掲げるポピュリスト勢力が台頭、欧州の結束が弱まることは確実だ。

プーチン大統領は6月17日、ロシア主導のロシア、ベラルーシ、カザフスタン、アルメニア、キルギスの旧ソ連5カ国の「ユーラシア経済同盟」に中国やインドなどを取り込む「大ユーラシア経済」構想を発表。EUに対抗して資本、サービス、労働の移動の自由を発展させる経済圏を創設するとアピールした。

冷戦の敗者がロシアとすると、英国、EUがポスト冷戦の敗者とならないことを祈るばかりだ。

第2章

EU崩壊の危機

ウィンストン・チャーチルの銅像
（写真提供：EPA＝時事）

EU成立の経緯

西側政治の文明全体の崩壊へ

ベルギーの首都ブリュッセルの中心地サンカントネールにあるEU本部。6月24日の夜が明けると、ポーランド前首相のドナルド・トゥスクEU大統領、ジャン＝クロード・ユンケル欧州委員会委員長らEU幹部たちが続々と集まった。

「大変遺憾ながら、英国民の判断を尊重する」

ユンケル委員長が共同声明を読み上げると、集まった報道陣から、「EUの終わりの始まりではないか」との声が上がった。

「それは違う」とユンケル委員長が否定したが、顔面蒼白で想定外の「離脱」に衝撃を受けたことをうかがわせた。EUの元首に相当する欧州理事会常任議長（EU大統領）であるトゥスクは、ポーランド首相として共産党支配の打倒とEU加盟に人生を懸けてきた。そんな彼は、英国の国民投票前に歴史家らしく苦境を漏らした。

「ブレグジット（英国の離脱）が決まれば、EUのみならず、西側政治の文明全体の崩壊が始まりかねない」

EUとの訣別を選択した英国民の判断をフランス、オランダ、イタリア、スペインなどが追随する可能性があるからだ。欧州各国でEU懐疑の動きが水面下で動いている。

そもそもEUとはどんな組織だろうか。

人権や民主主義などの価値観を構築し、民族を背景とした国家間の紛争を回避する。これが、「一つの欧州」を目指したEUが持つ、大きな意味合いだった。

EUは1993年に生まれた、政治や経済で協力する欧州の国々の集まりである。当初の12カ国だった加盟国が現在28カ国まで拡大。公用語だけで24もある人口5億を超える巨大な共同体である。

不戦の誓い

第二次大戦後、何百年も続いた戦争の歴史にピリオドを打ち、欧州を二度と戦場にしないという不戦の誓いを出発点にして、国家主権の一部を譲る形で共同体づくりが始まった。基本理念が「移動の自由」である。

長く対立した独仏を軸に伊とベネルクス3カ国の6カ国が1952年、「欧州石炭鉄鋼共同体」（ECSC）を創設した。欧州に平和をもたらすことが目的で、紛争の種だった石炭と鉄鋼産業を共同管理することにした。これが和解と平和の象徴となり、提案者のロベール・シューマン仏外相（当時）は、「欧州の連邦化の第一歩」とし、EUに至る欧州統合の基礎となった。

欧州統合が持つ政治的、経済的な重要性も次第に認識され、1958年により幅広い共通市場の形成を目指す「欧州経済共同体」（EEC）が発足した。創設した6カ国は、三つの小国（ベルギー、オランダ、ルクセンブルク）と三つの大国（フランス、イタリア、ドイツ）。戦争の影を引きずる五つの国が恐れたのはドイツだった。とりわけフランス、ベルギー、オランダ、ルクセンブルクの4カ国は、侵略され、支配され、誇りを傷つけられた恐怖があった。ほかならぬドイツも孤立したり、国際社会から排除されたりすることを懸念して他国と交わり、尊重されることを望んだ。ファシズムと戦火による辛酸をなめたイタリアは戦後の繁栄と安定を生み出すことに懐疑的だった。

1967年にECSCとEECなどが統合してEUの前身の「欧州共同体」（EC）となり、93年にEUに発展した。この間、域内の人や物、資本、サービスの移動を自由化した単一市場が実現したことで経済が活性化し、域内の市民はどの加盟国にでも居住できるようになった。政治の結びつきを強め、国境のない市場ができたため、製品の品質が向上し、低価格化に結びついた。

1999年に導入された共通通貨ユーロは経済統合の象徴となった。2002年から硬貨や紙幣が流通し、現在は独仏伊など19カ国と一部の周辺国で使われている。

またEU加盟国の大半が1985年に結ばれた「シェンゲン協定」で移動の自由を認め、出入国審査を廃止。パスポートを携帯しなくても国内と同様に域内の国境を越えられる。

政治では、欧州議会（定数751）の議員を5年ごとに市民の直接選挙で選ぶようになり、欧州議会は年間1550億ユーロ（約18兆円）の予算を承認する。欧州委員会は国でいえば、内閣に相当する。

共産主義からの駆け込み寺

1967年に6カ国で始まった加盟国の数は、73年に3カ国（デンマーク、アイルランド、英国）が加盟するなど徐々に増え、95年には15カ国となった。さらに劇的に増えたのが2004年だった。ベルリンの壁崩壊を受けてEUが東方に拡大し、ソ連の衛星国だった旧共産圏の東欧諸国などが大挙して加盟したのである。ポーランド、チェコ、ハンガリー、バルト三国（ラトビア、エストニア、リトアニア）、スロヴァキア、スロヴェニアにマルタ、キプロスも加わった。07年にはブルガリア、ルーマニア、13年にはクロアチアが加わり、現在28カ国が加盟している。

大戦後、分断された東西欧州が再統合され、その過程でEUが重要な役割を果たしたことは疑いない。ヤルタ会談によってソ連の支配が決まり、長い間、西側から排除され、分断されていた諸国が、ソ連が崩壊すると、一気に「西側クラブ」の一員となり、普通の国と見られることを望んだのである。そうした諸国は一方で、やがてロシアが領土拡張主義を復活させ、自分たちを再び呑み込もうとするのではないかとの恐怖にかられていた。

1939年から44年にかけてソ連と戦った北欧のフィンランドも同様だ。1809年から1917年までロシア帝国の一部だっただけにロシアへの警戒はひとしお強い。

EU加盟は西側との関係復活の象徴で、将来再び侵略者となりうるロシアに対する警告やハードルになった。EUは悪夢のようなソ連支配から逃れ出た旧東側諸国の駆け込み寺になったのである。またEU加盟という高い目標が痛みを伴う改革断行の原動力にもなった。旧共産主義諸国が「普通の国」になる過程でEUが果たした業績は少なくない。裏を返せば、

ＥＵがソ連支配のくびきから脱した証明にもなったのだ。だからロシアの恐怖から逃れようと東側諸国がこぞって西欧に〝避難〟してきたといえる。いや、強制的にソ連の勢力圏とされてきた東側諸国にとっては「欧州回帰」と受け止めている。

しかしソ連のくびきから離れて避難所ともいえるＥＵに駆け込んだツケが、12年後に英国で一気に噴出。東欧からの移民問題を契機にＥＵ存続の危機を迎えることになるのである。

チャーチル「欧州とともにあるが欧州ではない」

ロンドンの中心部、テムズ河畔にあるウエストミンスター宮殿（国会議事堂）前の広場に、宰相だったウィンストン・チャーチル（１８７４～１９６５年）の銅像がひっそりと聳《そび》え立っている。視線の先は国会議事堂と併設する時計塔（通称ビッグベン）だ。

第二次大戦でナチスドイツのヒトラーを相手に妥協をせず戦い抜き、国民を鼓舞して祖国を勝利に導いたチャーチルは多くの英国民に敬愛されている。むろん政治家も同じだ。とりわけ与党・保守党に多い。国民投票で残留派を率いたキャメロン氏、また離脱派の旗頭だったジョンソン氏は共に私淑して敬意を抱いている。とりわけジョンソン氏は２０１４年11月に伝記『The Churchill Factor』を出版、ベストセラーとなった。

欧州連合の枠組みを最初に構想したのがウィンストン・チャーチルだった。

第二次大戦後まもなく「欧州合衆国」創設を訴えたが、チャーチルが欧州連合の構想を思いついたのは１９３０年初めに米国を旅行した際、「国境や関税のない単一市場が経済成長に貢献していることを見て衝撃を受けた」(『The Churchill Factor』)ためだった。

そして、チャーチルは同年2月15日のサタデー・イブニング・ポスト誌に欧州統合に関して初めての論説を発表した。

「われわれイギリスは、欧州とともにあるがその一部ではない。イギリスは欧州と結びついているが、しかし欧州に含まれてはいない。われわれは、欧州と共存関係にあり協力しているが、しかし吸収されるのではない」

欧州統合は支持するが、統合は大陸に限り、英国はその外にいるとの考えを示した。チャーチルのこうした英国抜きの欧州統合案は戦後に脈々と継承された。そして「欧州」からの別離を選択した今回の国民投票にも少なからぬ影響を与えたと思われる。

第二次大戦中に首相に就任後の１９４２年10月には、既に「欧州評議会」の構想を持っていた。チャーチルは次の内容のメモランダムを書き、１９４９年9月5日、マクミラン下院議員がこれを欧州評議会諮問会議で発表した（同年9月6日付タイムズ紙）。

「私は、欧州という家族が〝欧州評議会〟の下で一体となって行動することができると信じている。私は、欧州合衆国が建設されることを期待する。そこでは諸国の間に横たわる障害が最小限にまで取り除かれ、無制限の旅行が可能となるであろう」

この構想を明確に語ったのが第二次大戦後の１９４６年9月にスイスのチューリッヒで行った演説だった。

「私たちは欧州合衆国を樹立しなければなりません。ヨーロッパという家族を再生する第一歩となるのは、間違いなくフランスとドイツの協力関係でしょう」

このチャーチルの欧州合衆国のビジョンを現実に変えたのが、シューマンとフランスの政治経済学者で外交官だったジャン・モネだった。大戦中にフランスと英国がドイツのナチズムと戦うために完全に政治統合すべきと唱えたモネのお膳立てで、シューマンは１９５０年にフランスとドイツの石炭と鉄鋼の生産を統一組織の管理下に置くことを提案する「シューマン宣言」を発表。これを土台にＥＣＳＣが発足し、ＥＥＣへと繋がった。この宣言で「欧州が和解するには、フランスとドイツの積年の反目を除去する必要がある」と述べたシューマンは、58年に欧州議会の前身となる組織の初代議長に就任、「欧州の父」と称えられた。

チャーチルのチューリッヒでの演説に戻る。彼は欧州合衆国を提唱したものの、英国が加盟することを勧めず、次のように述べた。

「英国と英連邦の国々、強大な米国、そしておそらくソ連は、新たな欧州の友人となり、スポンサーとなるに違いありません。そして欧州が生存し、繁栄する権利を擁護するに違いありません」

チャーチルは統一欧州の誕生を望み、英国には、深い悲惨を味わった大陸に幸運な連合をもたらすことを助ける役割があると信じていた。しかしチャーチルの理想とする英国は、欧州の連合体の外部にあったのである。

この演説の半年前の同年3月、チャーチルは米国ミズーリ州フルトンで、「バルト海のシュテッティンからアドリア海のトリエステまで、鉄のカーテンが下ろされた」という有名な演説を行い、ソ連が東欧諸国の共産主義政権を統制し、西側の資本主義陣営と敵対している状況を批判。東西冷戦の幕開けを示唆《しさ》していた。したがって、独仏の和解を促す欧州合衆国の「仮想敵国」は「鉄のカーテン」の向こうの盟主、ソ連であったことは間違いない。

1973年、英国のEC加盟

チャーチルの言葉通り、欧州大陸と一線を画す英国は、1952年のEUの出発点となったECSCには入らなかった。政権に復帰したチャーチルは51年12月の英独首脳会議で、欧州統合計画に関して英国政府の態度について訊かれた際にも同様の考えを述べている。

「我々英国は欧州とともにあるが、欧州の一部ではない」「英国は常に欧州のそばにいると保証する」

アデナウアー西ドイツ首相は「若干失望した。英国は欧州の一部だ」と答えたといわれる。

さらに、EECができ、ECに発展した後、フランスのド・ゴール大統領が英国の加盟に反対した。大戦中はロンドンに亡命しながらド・ゴールが英国を警戒したのは、英国は七つの海を渡り歩いて他国の富を奪った「海賊国家」であり、フランス、ドイツ、イタリアなど宮廷文化が根底にある「大陸欧州」とは全く異なるためだ。英国の背後に控える米国の存在も警戒したという。

英国が最終的にECに加盟したのは、ド・ゴールが死去してから3年後の1973年だった。

「主権が制限される」と統合に背を向けていた英国がECに加盟したのは、「英国病」の最中だった経済不況をEC加盟で解決しようという経済的な実利を求めてのことだった。大陸欧州の先行加盟国との温度差は歴然だった。
ＥＣが目指したのは「ヒト・モノ・カネの移動の自由化」。ドイツ、フランス、イタリアが「通貨統合先行」を重視したのに対し、英国は「市場統合先行」を主張。政治と計画を優先する大陸欧州勢と、経済と成り行きを優先する英国が対立した。

１９７３年に英国のＥＣ加盟が10年越しにかなえられる時の背景を、朝日新聞ヨーロッパ総局長だった深代《ふかしろ》惇郎《じゅんろう》氏は、次のように語っている。

「戦後の西ヨーロッパ全体にとって、こわいものが二つあった。第一にソ連だ。西ヨーロッパの政治外交の動きを観察するとき、その動機の大半がソ連に対する恐怖から出ているといっても、いいすぎではないだろう。その恐怖心も、主として軍事的なところにある。（中略）しかし強大なソ連軍の存在を、西ヨーロッパの人たちがどれほど恐れているのかを理解することは、日本人にはなかなかむずかしいことだ。いったん戦争が始まれば、ソ連・東欧軍は一日60キロで進撃し、一週間でパリを手中にするというのが、ソ連側ではなく、ＮＡＴＯの方の計算である。（中略）第二の恐怖は、ドイツだ。これは主に経済的な面にある。（中略）将来にわたって、西ドイツとはとうてい太刀打ちできそうにないというのが、イギリス人やフランス人の偽らざる心情だろう。（中略）ＥＣが生まれた背景はもちろんさまざまあるにしても、西ドイツの実力を西ヨーロッパ全体のシステムの中に組み入れておかなければ、夜もおちおち眠れないという不安が、大きな動機としてあったことは否定できない」(『深代惇郎エッセイ集』、朝日新聞社)

チャーチルが指摘したソ連の軍事的な恐怖と、日本とともに戦後急速な経済発展を遂げた西ドイツ(当時)の経済的恐怖がゆるやかな欧州統合を実現させたようだ。

当然ながらECに加盟後も英国は微妙な立場をとり続けた。ECは1993年のマーストリヒト条約発効でより政治統合を目指すEUになり、99年に統一通貨「ユーロ」を導入したが、英国はこれに参加せず現在も独自通貨ポンドを使っている。シェンゲン協定にも参加していない。英国は大陸欧州と一線を画して「半身」でEUの一員を続けた。だから英国民のEUに対する連帯意識は低い。「絶えず緊密化する連合」に参加した意識は毛頭なく、「共通市場」に加盟した程度の認識しかなかった。

英国には大英帝国の盟主だったというプライドがある。ロシア市民が冷戦時代のソ連を懐かしむ大国主義によく似ている。したがって自国中心ではない国際機関への参加に消極的で、大陸諸国も英米に対する警戒心が強かった。

チャーチルなら？

チャーチルが生きていたら、「離脱」と「残留」のどちらを支持しただろうか。ロンドンでは、国民投票の選挙運動中、よく論議された。両派ともに、偉大なチャーチルの威光を借りたいと、チャーチルの主張が自分たちと同じだと解釈して訴えていた。

首相として残留派を率いたキャメロン氏は5月9日の演説で語った。

「ブリュッセルに行くたびに、ドイツ空軍を撃退した『バトル・オブ・ブリテン』を思い出して、誇らしい気持ちになる。戦後チャーチルは西欧が一緒になり、自由な貿易を振興し、欧州が二度と戦場とならないように汎欧州組織を築き上げようとした。欧州から孤立した英国に将来はない、もしそうすれば後悔するだろう」

キャメロン氏は、チャーチルは「英国が欧州の平和を推進したEUと分かちがたく深く結びついていると考えていた」と解釈して、残留への支持を求めた。

一方、チャーチルを敬愛するジョンソン氏も、チャーチルについてよく発言する。5月9日の演説後、記者の質問に答えて、欧州統合の動きが欧州域内に平和をもたらしたものの、「チャーチルはこの動きに入るとは思っていなかった」と述べた。チャーチルの「欧州とともにあるが、欧州の一部ではない」の言葉を額面通りに解釈しての発言だった。

ジョンソン氏は、著書『The Churchill Factor』で、「欧州合衆国」でチャーチルが考えた英国の役割は「立会人になること」だったと記している。

「教会の中にいることを望んだものの、結婚する当事者としてではなく、先導する役、あるいは牧師を務めるつもりだった」

結婚当事者ではなく「牧師」になりたかったというジョンソン氏は、チャーチルは英国が「欧州合衆国」の組織に加盟するとまでは考えていなかったのではないかと指摘している。さらに、もし英国が欧州統合への動きの初期段階に参加できていたら、EUは「より民主的な存在になっていたのではないか」とも書いている。

では、肉親の解釈はいかがだろうか。

「おそらく祖父は、離脱が良いことだとは思わず、残留派を支持していただろう」

チャーチルの四女のメアリーの息子で、チャーチルの孫にあたる保守党議員のニコラス・ソームズは、5月10日、BBCの政治番組のインタビューで語っている。

「お父さん（チャーチル）があれほど苦労して勝ち取った欧州の平和維持にEUの存在は欠かせない」と2014年に91歳で他界した母親のメアリーが生前に語っていたからだ。チャーチルが亡くなった1965年当時、ソームズ議員は17歳。祖父のチューリッヒ演説には「神聖な聖杯のような」触れてはならない雰囲気があって、孫が口を挟むことなどとても考えられなかった。およそ半世紀の時を経て、やっと自らの解釈を表明できると思えるようになったという。だからソームズ氏は、胸を張って、「EUから離脱したいというのは、ひどく英国的ではないものが存在する気がする」と語った。

国を二分する論戦の末、英国民は欧州との訣別を選んだ。となれば、祖国の英雄が語った「欧州とともにあるが、欧州の一部ではない」という言葉が国民の深層心理に影響を与えたと思えるが如何《いかが》だろうか。

EUに対する英国の不満

民主主義の欠如

いかなる狙いで欧州統合は進められたのだろうか。英国のエコノミストのロジャー・ブートル氏は、著書『欧州解体　ドイツ一極支配の恐怖』(町田敦夫訳、東洋経済新報社)で、次の五つの主導的信念によって支えられてきたと説いている。

①　次の欧州戦争を避けたいという願望
②　欧州は一つにまとまるのが自然だとする考え方
③　経済的にも政治的にもサイズが物をいうという発想
④　欧州が一つになってアジアからの挑戦に対抗する必要があるという認識
⑤　欧州の統合はある意味で不可避であるとの思い

確かに政治の面ではEUが成し遂げた成果も少なくない。ロジャー・ブートル氏は、同著で次の点を成果として評価している。

○欧州戦争は起こっていない。
○特にフランスとドイツが緊密な同盟国になっている。
○EUの助けで、かつてのソ連圏の国々が西側に再吸収された。
○加盟を待つ国々が列を作っている。
○EUは世界の舞台における加盟国の発言力や影響力を広げてきた。

しかし、こうした成功は過去のもので、昨今は数多くの欠陥や問題点が露呈してきた。まず、EUは国々の集まりにすぎず、全体として一つの国家になることを目指しつつも、その段階には至っていない。このため多くの分野で国民国家の役割を弱体化させてきたにもかかわらず、EUが組織として完全に代役を果たせていない。結果として多くの混乱が生じた。ノーベル平和賞を受賞した、統合を進めて国境の壁を低くして平和へ導くという崇高な理念を進めれば、時代遅れの国民国家は消滅すると考えられた。一つになった欧州が最良の伝統を体現し、新たな世界で未来を切り開くと期待された。

しかしEU体制とは、選挙による審判を経ない加盟各国で閣僚を経験したエリートが牛耳って、市民生活からほど遠い「遠い所」で政治が行われているように感じられるものであった。

このことに豊かな民主主義の伝統を持つ英国人が反発を覚えた。英国人が選挙の洗礼を受けない欧州委員会と、ほかのEU加盟国の指導者が複雑なはかりごとの結果として生み出した法律を受け入れざるを得なくなったのである。

ロジャー・ブートル氏は、「これは何世紀にもわたる英国の歴史の否定にも等しい。今日の欧州委員会が歴代のほとんどの英国王よりも議会をないがしろにしていることは愕然《がくぜん》とする」と指摘している。国民投票では離脱派のみならず、残留派でも現在のEUは民主主義が欠如していて、欠点が多いという点では一致していた。違いは、EUに留まってEU改革を促進するか、いっそのことEUから抜け出して自国だけでやっていくか、であった。

複雑な官僚機構

組織が複雑だとの批判も少なくない。EUの最高協議機関は加盟国の首脳などで構成する「欧州理事会」で、政治指針や政策の優先順位を決定する。ところが、実際の意思決定を行うのは「EU理事会」である。加盟国の当該閣僚らで構成され、外務、経済・財政、農業などの分野ごとに開催される。

このほかに閣僚理事会とともに立法を担う「欧州議会」、政策立案や執行機関の役割を果たす「欧州委員会」、さらに司法の役目を果たす「ＥＵ司法裁判所」などもある。

ＥＵのガバナンス決定には、欧州委員会委員長、欧州理事会常任議長（通称ＥＵ大統領）、ＥＵ理事会議長、欧州議会議長の各リーダーがいる。これだけ船頭が多ければ、意思決定が迅速にいくはずがないと考えるのが一般的だろう。しかも、その指導者たちは、英国やフランス、ドイツの大国出身ではない小国の閣僚経験者の寄り合い所帯だ。英国からすれば、格下ともいえる小国の閣僚経験者たちである。そうした指導者たちに牛耳られることに、英国民の一部は大きな反発を感じていた。さらに英国民からすれば、指導者たちが選挙で選ばれた訳ではないため、意思決定に参加できず「どこか遠い所」で物事が決められることに反発、１７７３年のＥＣ加盟当初から「巨大な官僚統制機構」への無関心が広がった。

例えばルクセンブルクの首相を18年務めたジャン＝クロード・ユンケル氏は、欧州理事会議長を2度務めた後、欧州委員会委員長に就任した典型的ＥＵ官僚だ。ＥＵとして統一された政策があるわけではないにもかかわらず、Ｇ８サミット（主要国首脳会議）に出席して、英国、ドイツ、フランス、イタリアの加盟国の大統領や首相と肩を並べている。ルクセンブルクはＧ８の加盟国ではないはずだ。２０１６年5月の伊勢志摩サミットでホスト役の安倍首相の歓迎を受けるユンケル氏のテレビ映像に、英国民が違和感を覚えたのも理解できる。

また、ＥＵ大統領のトゥスク氏は、前ポーランド首相である。

ＥＵ予算の１割拠出

ＥＵの予算は原則、経済規模に応じて加盟各国が負担する拠出金で賄われる。ＥＵ財政報告書によると、２０１４年に英国が負担したのは１４０億ユーロ（約1兆６５００億円）で28カ国全体（１３２９億ユーロ）の約11％。ドイツ、フランス、イタリアに次いで4番目だ。しかし国民総所得（ＧＮＩ）に占める拠出金額の割合では、英国は０・65％と28カ国中で最低となる。ベルギーが同１・３％、ドイツが同０・98％負担しており、拠出金が異常に多いということではなさそうだ。

ただし予算の使い方を巡って英国内で不満が少なくない。ＥＵは加盟国を拡大させており、予算が東欧などの低所得国に再配分される傾向にあるためだ。ＥＵに新規に加盟してきた東欧諸国は農地やインフラが未整備であり、ＥＵからの配分金に期待をかけている。英国のほうはドイツ、フランスとともに配分される予算よりも分担金が多くなり、２０１４年度で43億ユーロ（約５４００億円）もの「赤字」となったことに、英国民は「負担過多だ。非民主的にＥＵ官僚が権限を濫用している」と不満を募らせた。

もっとも、実は英国のためだけに「払い戻し制度」なるものがある。サッチャー時代から農業政策に予算の多くが配分されていることに非農業国の英国は納得できず、サッチャー首相が当時のECに見直しを要求した結果生まれた制度だ。これにより、2014年度も60億ユーロ（約7535億円）の払い戻しを受けている。それでも、「赤字」となった43億ユーロの使途に英国民はどうしても納得がいかなかったのだろう。

ユーロクラットの厚遇

英国民が反発したEU官僚は、英語で官僚を意味する「ビューロクラット」をもじって「ユーロクラット」と呼ばれ、欧州各国で緊縮財政が続く中で庶民感覚とかけ離れた厚遇ぶりが批判を集めている。

28カ国、約5億人の巨大な共同体を運営する職員は短期契約を含めて約3万人。平均給与（年金などを差し引く）は、約6500ユーロ（約75万円）。最高の局長級は約1万6500ユーロ（約198万円）となる。さらに子ども1人につき月額で376ユーロ（約4万5000円）が加算されるなど、諸手当が上乗せされる上に所得税が免除される。退職後は、最高で最終給与の7割の年金を受給される。

厚遇の理由として、巨大市場にかかわる各種の規制権限を持つため、各業界に有利な政策を働きかけるロビイストの誘惑を拒否しなくてはならず、また自国や特定企業の利益を優先しないように退職後も身分保障が必要だとしている。しかし、こうした厚遇や規制権限の集中が職員のエリート意識を増大させて、生活実態とかけ離れた極端な規制を生み出してきたとも指摘されている。

批判の高まりを受けて2014年に就任したユンケル欧州委員長は、必要のない規制の廃止に取り組んでいるとしているが、英国では、「EUの官僚制の壁は厚く改革は不可能に近い」(キングスカレッジ・ロンドンのアナン・メノン教授)との見方が有力で、EU懐疑派の勢いが増した要因の一つになった。

独仏主導に反発

ところが実際にEUで物事が決まる際は、欧州委員会や欧州理事会、欧州議会以外で求心力が働くことが多い。元ロンドン・スクール・オブ・エコノミクス学長で現在英上院議員を務めるアンソニー・ギデンズ氏は、著書『揺れる大欧州』(脇阪紀行訳、岩波書店)で、従来のEUのほかに実際の権力が存在するところとして「EU2」の存在を挙げている。そのうえで、ＥＵのガバナンスは、二つの交差構造を通して実行されていると指摘。「ヨーロッパを事実上切り盛りしているＥＵ２は現在、ドイツのメルケル首相、フランスのオランド大統領と他の１、２人の指導者、それに欧州中央銀行（ＥＣＢ）と国際通貨基金（ＩＭＦ）の長で構成される」と記し、実質的に独仏主導でＥＵが運営されていると主張する。

そして「そこに欧州理事会の議長、欧州委員会の委員長たちもしばしば首を突っ込む」として、ＥＣＢ、ＩＭＦ、委員会のトップの「トロイカ」で物事を決めるが、「民主的なリーダーシップが不在なゆえに、この三つが交差するところにＥＵがある」と解説。ただし「今日のヨーロッパの最重要人物はメルケル首相である。トロイカが合意したいかなることも、彼女に承認されなければならない」とも述べ、ドイツがＥＵの事実上の主導権を握っていることを強調する。

その上で「ドイツは、軍事的征服では手にできなかったヨーロッパ制覇を、平和的手段によって達成したように見える。しかしながら『ドイツのヨーロッパ』が永続する条件はまったくない。ドイツへの恨みが、ヨーロッパ大陸分裂の根源にある」とドイツ主導の欧州統合に警鐘を鳴らしている。こうしたドイツ主導のＥＵに英国民が疑問を抱き、「主権を取り戻そう」と愛国主義を駆り立てたことも間違いない。多大な犠牲を払ってナチスドイツを先の大戦で打ち破った大英帝国の自負心により、どうしてもドイツの後塵《こうじん》を拝することができないためだ。

国内法に優先するEU立法

国民投票で具体的に批判が高まったのはEUが加盟国に課す細かい規制だ。離脱派は、こうしたEUのルールは恩恵よりも弊害が大きいと訴えた。

例えば、1週間の労働時間の上限が48時間など、有給休暇や夜間労働について規定がなされている。金融取引では、株の取引に課税し、投機的な動きを抑えるために「金融取引税」が導入された。仏独など10カ国は導入に向け合意したが、英国は金融機関の競争力が下がるとして調印せず導入していない。漁業については、EUが水産資源を効果的に使う名目で加盟国の漁獲量を管理・規制したため、英国の漁港では生活に必要な漁業ができず、廃業が相次いだ。英国の主立った漁港がある町で、離脱の投票が目立ったのはそのためだ。

「毎年2500もの新法がブリュッセル（のEU本部）から下りてきて、英国のビジネスに負担を強いている」

離脱派を率いたジョンソン氏は国民投票に向けての集会で、次の四つの例を挙げて「市民生活はEUによる『規制』と法的拘束力が弱い『指令』でがんじがらめになっている」と訴えた。

①「販売するバナナの1房あたりの本数が2~3本でなくてはならない」
②「レストランで小皿に入れてオリーブ油を提供するサービスを禁止する」
③「8歳未満の子どもは風船を膨らませてはいけない」
④「掃除機の消費電力が決められている」

この訴えには事実誤認があり、実際には次の通りである。

①「小売りで14センチ以上でなければいけないとの規制があったが、廃止された。卸売り段階で『一房最低4本』などの規定がある」
②「2013年5月に欧州委員会が提案したが、全欧州の怒りと不信感を集め、撤回した」
③「割れやすい薄い素材の風船を膨らませる際は、大人が監督する」
④「省エネ製品導入促進のため2017年9月から900ワット以下と規定」

また、離脱派が制作したドキュメンタリービデオで、パンに1246件、自動車に1872件、牛乳に1万2653件ものEUによる規制があると訴えた。そしてこのような規制が競争力を失わせていると指摘した。

英国内で生活すると、イタリアンレストランなどでは確かに小皿でオリーブ油を提供するところはあまりない。かつては提供していたそうだが、ＥＵ規制を恐れて小皿ではなく小さな瓶に入れて出されるところが多い。スーパーでも、過去にキュウリやバナナの曲がり具合で販売できなかったことがあると聞いた。確かに街で小さな子どもが風船を１人で膨らませている光景は見たことがない。ＥＵ規制の影響は少なくないように感じられる。

ＥＵの規制が、有給休暇取得やパート労働者の待遇改善など労働者の権利保護に貢献してきた側面はある。しかし、ＥＵ法は加盟国の国内法より優先されるため「ＥＵのルールは主権侵害である」として成長を損なうとの批判が少なくない。ＥＵの執行機関である欧州委員会が提出した法案を、閣僚級で構成するＥＵ理事会と市民を代表する欧州議会が共同で審議して双方が承認すれば、ＥＵ法として成立するが、ルールが細かすぎる。

基本的に政府を信用せず市場に委ねる英国人と異なり、大陸欧州人は規制を好む傾向にある。キュウリやバナナの曲がり具合まで域内で統一しようとしていることに、「島国」の英国人が反発したことも理解できる。

２０１２年６月には、欧州委員会のデータ保護法則の改革案が加盟国からの批判を集めた。欧州中の企業は、「ブリュッセルで法案を書いた官僚たちは、現実のビジネスの現場をまるで理解していない。法案がもたらす結果を何も考えていない」と一斉に反発した。

前回の1975年の国民投票では、「自由市場への参画は国益にかなう」と賛成票を投じたロンドン郊外ミドルセックス州トウィケナムの貿易関係の自営業者（67）は、「EUが貿易や農業などほとんど全ての分野に規制をかけて、英国をがんじがらめにしてしまった。規制を決めるのはEU本部のあるブリュッセルでロビー活動ができる大企業幹部たちだけ。中小企業と一般市民が損をしている。グローバル化の中で取り残された」と話す。

こうしたEU官僚の過剰介入に、英国市民はついに怒りの声を挙げたのであった。

ここに来てとりわけ怒りを増幅させたのが移民の急増だった。2004年以降、東方に拡大するに連れてEUはさまざまな発展段階の国々を取り込んだ。EUの中核的理念である「域内の人々の自由な移動」が深刻な問題を招いた。

旧植民地の移民から職を奪った東欧移民

首都ロンドンでは、多くのレストランのウエイターやウエイトレス、ブラックキャブではないミニキャブと呼ばれる予約制タクシーの運転手のほとんどが、ルーマニアやポーランドなど東欧からの移民労働者だ。またオンライン通販の宅配業者も東欧移民が多く、英語がよく理解できないため、意図せぬ時間に指示していない場所に届けてしばしばトラブルを招いている。また地下鉄の駅前などの路上で果物などを販売するのも、東欧からの移民がほとんどだ。筆者の自宅アパートの窓に不具合が生じた際に修理に来たのは、ポーランドからの移民労働者だった。さらに地方の農場では多くのバルト三国からの移民労働者が農作業に従事している。また建設作業現場でも、インド系やアフリカ系に交じって東欧出身労働者が目立つようになった。

英国では1960年代以降、旧植民地のインドやカリブ諸国などから大量に労働者を受け入れた。ニューカマーである東欧からの移民労働者たちは、勤勉で低賃金でも雇い主に気に入られようと長時間労働もいとわないため、以前からの旧植民地出身の労働者たちは「職が奪われる」と不満を募らせた。国民投票で、旧植民地出身の移民の多くが、東欧移民の制限を求めて離脱票に投じたといわれている。旧来の労働者側にも労働の質が劣る点で問題があるにせよ、急激に増えた東欧移民労働者が結果として英国人から雇用を奪っていることは間違いない。

さらに移民でも国民全てが無料で医療を受けられる国営医療事業「国民保健サービス」（N

HS）を利用できるため、NHSの医療機関に移民患者が殺到、一般市民が利用できにくくなった。

ある時、筆者の家族が風邪を引いたのでNHSが利用できる病院を訪ねたら、利用者が多い上に医師が少ないため、早朝から夕方まで病院で待たなければならず、結局有料のプライベート医院に行った。合法的滞在の外国人も原則無料のはずだが、慢性的な赤字を理由に昨年（二〇一五年）から日本人を含む欧州経済領域（EEA）以外の外国人に1人年間200ポンド（約2万8000円）の利用料が課されている。筆者はビザ申請時に家族3人の3年間分1800ポンド（約25万2000円）を支払った。これだけの金額を納めながら時間的制約がある駐在員は利用できないことに、理不尽さを感じざるを得ない。一方東欧移民はEU市民であるため、家族全員無料であるのは、不公平感が募る。かつて英国が世界に先駆けた「揺りかごから墓場まで」といわれた社会福祉制度も急増する移民問題などで曲がり角に来ている。

教育制度にも影響が出ている。移民の多くは家族を帯同して移住するため、公立学校に移民の子弟が殺到。ロンドン市内の無料の公立学校は、どこも定員満員で待機状態だ。また単身赴任で外国から働きに来ている労働者にも、英国政府は祖国に残した労働者の子弟に英国水準で子ども手当を支給しており、こうした移民に対する手厚い社会保障費が国家財政を逼《ひっ》迫《ぱく》させるとの離脱派の主張が、国民の心を捉えた側面はある。

それでも首都ロンドンは多人種多文化が共生するコスモポリタンの街であり、移民に対して「労働力が経済の活力になっている」と肯定的に捉える傾向にあるが、産業が廃れ、経済が疲弊した地方では、暮らし向きがよくならない理由を移民の殺到に収斂《しゅうれん》させて、移動の自由をもたらしたＥＵをやり玉にあげて批判、英国への愛国主義とあいまって反ＥＵ感情と人種差別主義や外国人恐怖が広がった。

「パンドラの箱」が開いたのか？──他国への影響

小国の悲痛な願い

「ハンガリーはＥＵの一員として、（同じＥＵの）あなたたちとともにあることを誇りに思っている」

ハンガリーのオルバン・ビクトル首相は、国民投票直前の6月20日、大衆紙デイリー・メール紙に一面で意見広告を署名入りで掲載した。中東などからの難民流入を巡り、ＥＵの対応を批判してきた「ＥＵ懐疑派」だが、英国が離脱すれば、自国が孤立する可能性が高く、英国民に異例の「残留」を呼びかけたのだった。

オルバン氏は「他国は口出しすべきではない」と主張してきたが、離脱派が勢いを増したことを受けて東欧のポーランド、チェコ、スロヴァキアとともに英国のＥＵ残留を支持する声明を発表した。

ハンガリーをはじめ東欧諸国にとって、ＥＵ懐疑派の英国は重要なパートナーだ。統一通貨ユーロを使用しない同じ非ユーロ圏で、２０１１年にはＥＵの財政政策に両国で反対した経緯があった。難民危機でも、国境にフェンスを設置して難民の流入を拒否したハンガリーに対し、英国も難民の受け入れを最小限に抑えるなど反ＥＵで共同歩調を取ってきた。ドイツのメルケル首相やＥＵ幹部を激しく批判、ＥＵが決めた難民受け入れを拒否するため国民投票の実施さえ打ち出した強硬派だった。しかし、ハンガリーには英国のようにＥＵから離脱する選択肢はない。ＥＵから農業補助金など年間約50億ユーロ（約６０００億円）を得ていて、輸出入額の7割以上をＥＵが占める。経済的にはＥＵなくしてやっていけない。また、ようやくくびきを逃れたロシアとの安全保障を考えてもＥＵに留まることが最重要だ。

ハンガリーなど東欧の新興国が恐れているのは、大国の英国が離脱することで、ＥＵ内のパワーバランスが崩れて、独仏の力がこれまで以上に強くなり、政治、経済両面で劣勢に立たされる懸念が生じることだ。曲がりなりにも英国は大国で独仏が主導するＥＵに異議申し立てができる数少ない国のうちの一つだった。またＥＵの経済規模が縮小することに対する懸念もあった。

東欧諸国は、「新しいＥＵ」づくりを提唱して独仏主導に異論を唱える。ポーランドの公営放送は、独仏の動きを「大国が支配する『超国家』を作り出すものだ」と報じたという。

オルバン氏の悲痛な願いもむなしく、頼みの英国は離脱することになり、ハンガリーをはじめ東欧の小国は難民対策などで「大国」ドイツ、フランスと独力で対峙することになる。英国の離脱で統合の基礎となってきた欧州共通の価値観が揺らぐ中で、連帯と結束を図るEUが一層混乱する要因にもなりかねないだろう。

独仏でもEU懐疑主義台頭

拡大したEUによって、ドイツが明らかな利益を得たことは衆目に一致するところだろう。

アンソニー・ギデンズ上院議員の、「いまヨーロッパは、ユーロ危機をきっかけに生まれたEU2の特別版に牛耳られている。EU2はアンゲラ・メルケルをヨーロッパの非公式な『大統領』にすえた」(『揺れる大欧州』)との見方さえあるくらいだ。ドイツが欧州の大国として新たな輸出市場、さらに世界や近隣諸国に対する影響力を得たといってもいいだろう。

しかし、ドイツは欧州統合を進める立場から遠のき始めている。冷戦時代、ドイツにとって欧州共同体に加盟していることは、西側世界の一員であることを証明し、ソ連の脅威に対して最大の盾だった。国民の大多数はEU加盟が有益だと信じている。しかし、さらなる統合は他の加盟国の利益になるため避けるべきだと考える人が増えているという。ユーロ危機の際にドイツメディアによる反ＥＵ、反ユーロキャンペーンが展開され、扇動されてＥＵ懐疑主義が噴出した。そしていま、反イスラムや難民流入阻止を掲げるＥＵ懐疑派の新興政党「ドイツのための選択肢」（ＡｆＤ）が大衆の不安を取り込み、勢いを増している。5月の世論調査では、支持率15％、メルケル首相の与党キリスト教民主・社会同盟（33％）には及ばないが、大連立を組む中道左派の社会民主党（20％）に迫る勢いだ。党首のフラウケ・ペトリー氏は「ドイツのトランプ」とも呼ばれ、地方選挙での躍進を追い風に来秋の総選挙で国政進出を狙っている。

英国民がＥＵ離脱の選択をしたとの結果を受け6月24日、ＡｆＤは「直接民主主義による決定」と評し、メルケル首相の寛容な難民対応が英国離脱を招いたと政権を批判した。同党副党首のベアトリクス・フォン・シュトルヒ氏は、「英国の独立記念日」だと称賛し、欧州議会のマルティン・シュルツ議長と欧州委員会のユンケル委員長の辞任を求めた。そしてシュトルヒ氏は、「欧州連合は政治的統合体として失敗した」と語った。

一方、フランスでは確実にＥＵ懐疑主義が広がっている。転機となったのが、１９９２年のマーストリヒト条約に対する国民投票だった。極右と極左の政党が条約に反対、最終的に承認されたものの支持率はわずか51%だった。2005年の欧州憲法をめぐる国民投票でも国民が否決、欧州統合への支持の限界を示している。相次ぐイスラム原理主義過激派によるテロ事件の影響を受けて、移民反対を唱える極右政党の国民戦線（FN）が支持を広げ、世論調査の首位に立っている。2017年に行われる大統領選挙では、党首であるマリーヌ・ル・ペン氏が勝利するのではないかと推測されている。

英国が国民投票で離脱を選択した6月24日、ル・ペン氏は、自らのツイッターアカウントに英国旗を載せ、「自由に勝利を。何年も言ってきたが、フランスや他の国でも同じような国民投票をやるべきだ」とツイートした。

ル・ペン氏は6月17日にウィーンで開かれた各国の極右政党が集まった会合で、「英国よりフランスがEUを離脱する理由の方が1000以上多い」と述べ、「高い失業率や密輸業者、テロリスト、経済移民を締め出せずにいるのはEUの責任だ」と語った。

欧州各地で離脱ドミノ

「次はオランダの番だ」。6月24日、英メディアが国民投票で離脱選択を伝えると、オランダの移民反対を訴える極右政党、自由党の党首を務めるヘルト・ウィルダース氏は、すかさずツイッターに書き込んだ。ブリュッセルとロンドンのエリートだけが利する欧州統合に、英国民は肘鉄を食らわせたのだ。ウィルダース氏はそう解釈して、「ＥＵには未来がない」と発言した。

ウィルダース氏は、「自分たちの国のことやお金、国境、移民政策は自分たちで決めたい」「できるだけ早くオランダ人がオランダの欧州連合の加盟について意見を言う機会を得るべきだ」と語った。

オランダでは２０１７年３月に総選挙が実施されるが、世論調査によると、ウィルダース氏らが勢いを得ているようだ。ウィルダース氏は宣言した。

「もし私が首相になれば、オランダでＥＵ離脱を問う国民投票を実施する。オランダの人々に選ばせるべきだ」

オランダで行われた最近の世論調査では、54％が国民投票の実施を支持している。

イタリアの極右政党「北部同盟」も「今度は我々の番だ」と表明した。移民反対を掲げる「北部同盟」は、ツイッターに「自由な市民の勇気に万歳！　心と頭と誇りが、うそや脅しや脅迫に勝った。イギリス、ありがとう。今度は我々の番だ」と投稿した。

「政治の中央集権化と移民流入への反対を示した」。オーストリアの極右、自由党のシュトラッへ党首も英国の投票結果を受け、6月24日、ＥＵ批判を展開した。同党は国民の移民に対する不満を吸い上げて勢力を拡張、5月の大統領選で敗れはしたが、大接戦だった。

北欧フィンランドでは、政権に参加する反ユーロの真正フィン人党のソイニ外相が「国民には発言権がある」と指摘。デンマークで少数政権に協力する国民党も「国民投票を行うべきだ」とし、スウェーデンの野党、民主党も実現に向けて「圧力を高める」との考えを示した。

欧州各地で極右などＥＵ懐疑派勢力が、欧州解体論を振りかざして支持を広げようとしている。懐疑派はギリシャ債務危機や難民・移民流入問題などを発端に、既存の政治体制の構図を揺るがすほど台頭している。英国のＥＵ離脱を機に一気に影響力を拡大すれば、欧州各国で起きる大衆迎合主義（ポピュリズム）による離脱のドミノは避けられないだろう。英国の選択はパンドラの箱を開けてしまったように思える。

バルト三国とポーランドにＮＡＴＯが多国籍部隊を派遣

当初、ＥＵに対して指摘された不安の多くは解消された。次なる欧州戦争は独仏の和解で起きていない。衛星国を西側に回帰させたことでソ連を封じ込めた。しかし新たな不安が台頭してきた。移民・難民、イスラム原理主義のテロもさることながら、東方拡大で新たな緩衝国となったジョージアに北京五輪の最中の2008年8月、ロシアが侵攻、紛争に発展した。また14年にはロシアがクリミア半島に侵攻して掌握。自国の編入を視野にウクライナ東部にも介入して不安定化させ、欧州の安全保障に大きな脅威を与えた。

現在、欧州とロシアの関係は冷戦後、最悪だ。EUを主導するドイツは、エネルギー供給をロシアに依存していて貿易面で結びつきが強く、対露積極姿勢を取ることに消極的だ。冷戦時代を通じて最強硬派の英国のEU離脱は、欧州の結束の足並みを乱し、新たな不安を生み出した。軍事大国でもあるイギリスの離脱はEUの安全保障にとっても大きな影響を及ぼす。英独仏3カ国の微妙なバランスが崩れることへの懸念もある。対ロシア政策を始め国際社会でのEUの発言力の低下は否めない。

英国のファロン国防相は「EU離脱後も北大西洋条約機構（NATO）に対する英国の姿勢には変わりはない。自国民の安全だけではなく、従来通り世界の安全保障に取り組んでいく」と強調する。しかし、英国およびEUの弱体化で軍事的な空白が生まれた場合、それをどう埋めていくのか。日本を含む西側諸国は新たな課題を突きつけられる。

英国が離脱を選択した直後の7月8、9日、NATOはポーランドのワルシャワで開かれた首脳会議で、バルト三国とポーランドに2017年から合計で最大4000人の多国籍部隊を展開することを決めた。黒海周辺でも防衛力を強化する。バルト三国とポーランドはいわばロシアと国境を接する「緩衝地域」だ。この東方で対露抑止力を強化し、欧州の安全保障の基盤を固める狙いだと考えられる。オバマ米大統領は、英国のEU離脱による安保への影響懸念の払拭《ふっしょく》に懸命だ。

「素晴らしい決定だ。これでロシアの軍事侵攻の可能性を減らすことができる」。ロシアと国境を接するエストニアなどバルト三国は歓迎だ。歴史的にロシアが支配していた時期が長いバルト三国とポーランドは、「プーチン氏はソ連解体を誤りだったとして、かつての領土を取り戻そうとしている」とロシアの軍事侵攻を恐れている。2008年のジョージア紛争、14年のロシアによるウクライナ南部クリミア半島の編入は、国境を接する国を震え上がらせた。この2年間、バルト三国などの国境付近でロシア軍は大規模な軍事演習をし、民間航空機への異常接近も後を絶たない。バルト海でも、ロシア軍機が米軍の駆逐艦に異常接近を繰り返している。

NATOは東欧諸国への大規模部隊の展開には消極的だった。ポーランドは1999年、バルト三国は2004年に加盟の際、NATOは1997年にロシアと「基本文書」を交わし、東欧に大隊を常駐しないことを約束していたためだ。しかしロシアのクリミア編入などを経て、ポーランドなどはNATOに常駐部隊の派遣を要請。NATOもロシアの軍事行動を看過できず、事実上の常駐部隊派遣に踏み切ったのだ。NATOのストルテンベルグ事務総長は8日の記者会見で「加盟国への攻撃は同盟（NATO）全体への攻撃とみなす」と述べた。またポーランドも「東欧に初めてできる軍事拠点。東欧が西欧と対等の地位を獲得した歴史的な決定だ」と評価した。

しかし当然ながら、NATOが東欧やバルト海沿岸諸国の防衛を強化していることにロシアのプーチン大統領は激しく反発した。「対等な軍事バランスを崩す政策だ。（NATO側の）軍事的熱狂には屈しない。常に自国と国民の安全を保障する」。

NATOとロシアは冷戦時代に戻ったような激しいけん制が続いている。

NATO結束力と対露制裁が低下

そこで注目されるのはEUを離脱する英国の存在だ。

「欧州の安全保障と繁栄の体系が崩壊すると言う人もいる。そのような誇張は見当違いだ」

ワルシャワでの記者会見で、米国のオバマ大統領はEU首脳と、英国がEUを離脱する悪影響の懸念を否定した。

英国の軍事力はＮＡＴＯ加盟国の中で米国に次ぐ規模だ。国民投票直後からＮＡＴＯは「英国の主要な立場は変わらない」と発信し、首脳会議ではバルト三国に新たに展開する部隊の一部を英国が率いることを明らかにして、変わらぬ結束を強調した。

しかし、オバマ氏は４月に訪問したロンドンで、「英国が離脱して欧州が分断しはじめるとＮＡＴＯを弱める。我々の集団的安全保障にも影響を与える」と明言して、残留を訴えた。独仏をはじめＥＵ加盟国と英国の信頼関係が離脱でゆらぎかねない以上、結束力が弱まることは不可避の情勢だ。ならばＮＡＴＯの弱体化も避けられないだろう。

安全保障は軍事力のみならず、外交や経済、インテリジェンスなど総合力が要求される。米国と協調したＥＵの対露経済制裁では、最強硬派の英国が仏独を説得してとりまとめた。ロシアと国境を接するバルト三国や東欧諸国にとっては頼れる存在だった。英国無きＥＵに不安を抱くのも無理もない。安全保障の専門家の間では「ロシアに向き合う強固な統合体としてＥＵの力が落ちるのは明らかだ。対露制裁の足並みも乱れ、結果としてＮＡＴＯの弱体化につながりかねない」との懸念が広がっている。

第3章

連合王国解体の可能性

イギリスのテリーザ・メイ首相（左）とスコットランドの
ニコラ・スタージョン首相
（写真提供：AFP＝時事）

スコットランド、再度の住民投票へ

新首相の説得も懐柔できず

「あらゆる選択肢に耳を傾ける用意がある。欧州連合（EU）からの離脱についての議論にスコットランド自治政府も参加してほしい」

7月13日、キャメロン氏の辞任を受けて英国の新首相に就任したメイ氏は組閣を終え、48時間後の15日、真っ先に北部スコットランドの中心都市エディンバラに向かった。国民投票でEU離脱が決まった後、スコットランド独立の是非を問う住民投票再実施を模索するスコットランド行政府のニコラ・スタージョン首相と会談して、独立機運の再燃を封じ込めようという狙いだったが、両者の主張は平行線に終わった。

スタージョン氏は「われわれの選択肢を検討する用意があることをうれしく思います。スコットランドの利益が守られ、あらゆる選択肢を考慮できることが確認された」と歓迎した。その一方で、スコットランドが、英国からの独立の是非を問う住民投票を実施する構えを強めていることについてメイ氏が「住民は既に明確な意思を示した。住民投票は望まない」と受け入れない姿勢を鮮明にした形で、スタージョン首相は「住民投票を阻止しようというのは完全に間違いだ」と述べ、メイ氏の懐柔は成功しなかった。

「スコットランド住民が投票を求めていることがはっきりしているのに阻止しようとするならば間違いだ」。スタージョン氏は会談後、英テレビで語気を強めた。スタージョン氏はEUに残留する目的で、2014年に続いて独立に関する住民投票の再実施を検討すると表明している。前回の住民投票は英政府が承認して行われ、独立賛成が少数となった。

スコットランド訪問は、新内閣を発足させたメイ氏にとって初の本格的な公務となった。就任演説でも、国民投票で露呈した英社会の分断の解消とともに、スコットランドを含む英連合王国の結束を重要施策の一つと表明しており、スコットランドの分離独立を防止して英連合王国の崩壊を阻止することが、EU離脱交渉とともに政権の最重要課題であることを内外に示した。それだけにメイ氏は、「私の政権はいつもスコットランドの側に立つ」と強調し、住民の不満や不安解消に躍起だった。

残留支持多数のスコットランドと北アイルランド

国民投票でEUからの離脱を決めた英国は、連合王国を構成する各地域によって異なる結果が出た。選挙管理委員会の発表した開票結果をみてみよう。

英国全体では、
離脱　1741万742票（51・9%）
残留　1614万1241票（48・1%）
無効票が2万5359票　投票率は72・2%。
英国の各地域別の残留と離脱の得票率は、
イングランド　残留46・8%―離脱53・2%
スコットランド　残留62・0%―離脱38・0%
ウェールズ　残留48・3%―離脱51・7%
北アイルランド　残留55・7%―離脱44・3%

スコットランドでは62・0%、北アイルランドでは55・7%と残留支持が多数を占めた。政治や経済の中心のイングランドでは残留支持が46・8%、ウェールズでは48・3%と離脱が上回り、異なる結果となった。世界の金融都市シティを抱えるロンドンは、イングランドの中でも残留が多数だった。EUに対する意見の食い違いが鮮明になったことで、スコットランドと北アイルランドでは、長年くすぶっていた英国からの分離や独立を求める声が高まった。

連合王国はどのように成立したか

英国は正式名称が「グレートブリテンおよび北アイルランド連合王国」(United Kingdom of Great Britain and Northern Ireland)という立憲君主制の連合王国だ。

現在の英連合王国は、イングランドがスコットランド、アイルランドと攻防を繰り返して影響を強める形で合併、成立した経緯がある。イングランド以外では英政府に主権を握られていることへの反発が歴史的に根強い。1707年に連合法により、先にウェールズを併合したイングランド王国とスコットランド王国が連合してグレートブリテン王国が成立。1801年アイルランド王国と合併。グレートブリテン王国及びアイルランド王国が統合し、グレートブリテン及びアイルランド連合王国が成立した。その後、アイルランドの6分の5が脱退してアイルランドが自治領となり、北アイルランドが残った形で1922年、現在のグレートブリテンおよび北アイルランド連合王国となった。主権国家としては英国であり、イングランド、スコットランド、ウェールズ、北アイルランドも主権国家ではないが国として見なされ、スコットランド、ウェールズ、北アイルランドは権限を委譲された自治を有している。

イングランド地方は英国の人口や総付加価値の8割以上を占め、大英帝国の中核だったという自負も強い。スコットランドの領土は英国全体の3分の1、人口は約530万人で1割に過ぎない。1970年代のサッチャー政権時代に自治権拡大に否定的だったことなどから英政府への反発を強め、2014年英国からの独立を問う住民投票が行われたが、独立反対が賛成を約10ポイント上回り否決した。経済の安定を求めたためといわれている。

一方、1937年にアイルランドが独立した際、英国に残留した北アイルランドでは、与党・民主統一党がEU離脱を主張し、アイルランドとの統合を主張するシン・フェイン党などが残留を訴えてきた。結果は残留支持が55・7%と離脱支持を上回ったため、シン・フェイン党のデクラン・キアニー幹事長は24日、「(南北)アイルランド統一に向けた住民投票を今こそ実施すべきだ」と訴え、スコットランドと同様に独立に向かって動き出した。

2人の元首相の警告むなし

「離脱すれば、スコットランドの独立を求める声が高まり、連合王国が分裂しかねない」「北アイルランド和平をぐらつかせるのは歴史的過ちだ」……。

保守党のメージャー、最大野党・労働党のブレア両元首相が呉越同舟で北アイルランドのベルファストで、異例の合同会見を行い、EU残留を訴えたのは6月9日のことだった。

北アイルランドでは、多数派のプロテスタント系とアイルランドへの統合を目指す少数派カトリック系が激しく対立。約30年間にわたる紛争で3000人以上が犠牲となった。だが、1998年の和平合意後は、経済復興が進んだ。

EU加盟国の英国とアイルランドの間に国境はないに等しい。だが、離脱で同胞のアイルランドとの間に〝壁〟が生まれ、分断という新たな紛争のタネが植えつけられることに両元首相は懸念を示したのだ。

さらに、メージャー氏は離脱となれば、EU残留派が多数を占めるスコットランドで、再び英国からの独立機運が高まり、「300年間にわたって世界史上最も成功した連合が永久

6月25日付スコットランド地元紙（写真：岡部 伸）

に失われる恐れがある。連合王国が分裂しかねない」と警告を発した。EU離脱の選択を受けてメージャー氏の懸念が現実化しかねない。

カリスマ性ある「独立の女王」

「DISUNITED KINGDOM（王国の分裂）」「EU GO, GIRL（欧州連合へスタージョン女性首相が行く）」

英国民が国民投票でEU離脱を選択した翌25日付のスコットランド地元紙に、衝撃的な見出しが躍った。スコットランドでは、EUに残留するため英連合王国からの分離独立の動きが始まった。中心都市、エディンバラの中心地にあるシャーロット広場北に位置するビュート・ハウスで25日午前、行政府のスタージョン首相が、国民投票で離脱が決まったことを受けて緊急閣議を開いた。

「スコットランドの有権者の過半数が残留を望んでいる。民主主義の観点から離脱は受け入れがたい」

スタージョン首相は閣議後、こう述べた。「独立の女王」とカリスマ的な人気を誇るスタージョン首相は、今やエリザベス女王に次いで「英国で2番目に影響力がある女性」とも評される。独立に向けて、もう一人の「女王」が動き出したのだった。

スタージョン首相は24日にも、英国のEU離脱にはスコットランド議会の同意が必要だと息巻いた。

先述したとおり、英国全土の開票結果が離脱支持51・9％、残留支持48・1％だったのに対し、スコットランドでは全32地区で残留が離脱を上回り、62％に上った。

住民投票で独立が否決されてから約2年。閣議では、閣僚全員が「離脱」決定に深い失望を共有した。スタージョン首相は再度の住民投票を検討すると明言した。

英国からの独立は、1937年の現在のアイルランド以来、例がない。

「住民投票に大賛成だ。スコットランドの民意はEUに残留することだ。100年以上も独立の機会を待っていた」

エディンバラのパブで食事をしていた会社員、デビッド・アンドレイさん（65）に話を聞いた。独立国家だったスコットランドがイングランド王国と「合併」したのは、300年以上前の1707年。軍事や経済力で勝るイングランドに事実上、支配されてきた歴史があり、根深い不満がのぞく。

「EUから離脱すると、移動の自由がなくなるのは困る」。孫の顔を見るため2カ月に1度、スペイン・バルセロナに行くというアンドレイさんは困惑の表情を見せた。

特産品のウイスキーなどを加盟諸国向けに輸出している貿易会社経営、イアン・キーナンさん（47）も欧州とのつながりが大事だと述べる。

「南部イングランドよりEUが大切だ。取引もフランスやオランダが多くロンドンとは縁がない。英国が離脱したら2度目の住民投票を行い、EUに残る」

キーナンさんはさらに、1960年代に発見され、欧州最大の石油・ガス埋蔵量があるとされる北海油田について言及。「スコットランドが独立すれば、1人当たりの年間所得が1000ポンド（約14万円）ほど増えるので十分、やっていける」と息巻いた。

住民投票の時期を明言

スタージョン首相は、「スコットランドの地位を守るため、単独でのEU残留に向けた協議をEU側に直ちに求める方針を決めた」と宣言。財政、法律、外交の専門家で構成する委員会を設置し、独立を問う住民投票を再度実施するのに必要な法案の準備を進めることを明らかにした。

行政府は議会に閣議の決定事項を報告、承認を得てEU残留交渉を本格化させた。スタージョン首相は、在エディンバラのEU各国の外交官と、残留に向けた方策を協議。6月29日には、スコットランドとしてEU残留を決断したと発表。翌30日にはブリュッセルのEU本部を訪問し、EUのユンケル委員長らと会談し、スコットランドだけでもEUにとどまる道を模索していきたいと訴えた。さらに英国がEUから離脱してもスコットランド単独での残留を模索していく立場に理解を求めるため、EU側と協議を進める考えを示した。

過去には、デンマーク領グリーンランドが高度な自治権を得て住民投票を行い、1985年に当時の欧州共同体（EC）から離脱した事例などがあるが、スコットランドは、英国のEU離脱に反して残留を求める逆のケースとなる。

メイ政権が誕生した7月13日、ロンドンの外国人記者協会でスタージョン首相が記者会見を開いた。いつものように「スコットランドは国民投票で62%がEU残留を希望した。この民意に添ってEUに残るためにあらゆることを行う。もちろん独立するために再度、住民投票を行うことも当然ありうる」と述べて独立へ自信たっぷりだった。

では住民投票をいつ実施するのだろうか。スタージョン首相は、「英国がいつEU基本条約『リスボン条約』50条に基づいて離脱通知を行うか次第だ」と語った。離脱通知をすれば、交渉期間は2年間になる。国民投票の勢いのある交渉期間中に実施するのか、交渉期間は静観するのか。

7月17日、住民投票の時期について、スタージョン首相は自らの思惑を明らかにした。BBC放送のインタビューで、スコットランドの独立を問う2度目の住民投票を、早ければ来年2017年前半に行うと述べたのだ。

スタージョン首相は、スコットランドの立場が保護されない状態で英政府が2017年早々にEU離脱手続きを始めた場合の対応として答えた。

またスタージョン首相はスコットランドが英国とEUの双方に残留する可能性も「排除すべきではない」と語り、独立にこだわらない姿勢も示した。

両方に残留する案について、デービスEU離脱担当相は、「ありえない」と述べたが、メイ首相は、15日にスタージョン首相と会談した際に、「いかなる選択肢も聞く用意がある」と語っている。スタージョン首相は、実施されれば2014年に続き2度目となる住民投票について、「もちろん私が考慮すべき選択肢だ」と述べ、時期は「来年前半に行うのが最善との結論に達したら、そうする」と断言した。

さらに7月25日には、エディンバラで記者会見して、「EU残留を目指すスコットランドにとって確実で、安定的な選択肢は、独立かもしれない」と述べて、EUに残るため、英国からの独立の準備を行う考えを示した。

スタージョン首相にはカリスマ的人気があるだけに、独立機運が再燃する中で2度目の住民投票が行われたら、独立への賛成票が過半数を占めるのではないかと予想される。逆に下回れば、政治的な影響力を失う。住民投票を実施するには、英国のメイ首相の賛成が必要となる。2度目が行われるとすれば、慎重に戦略を練った上であろう。

原子力潜水艦の基地喪失も

スコットランドには英国の安全保障の重要拠点となる海軍基地がある。スコットランド南西部グラスゴーから西へ約40キロのクライド海軍基地は英国で核戦力を搭載した原子力潜水艦の唯一の母港だ。スタージョン首相が目指す英国からの分離独立が実現すれば、英国は原子力潜水艦の基地を失い、核保有国としての国際的地位を脅かされかねない。

英国は米国、ロシア、中国、フランスと共に国際的に認められた核兵器の保有国（5大国）

である。しかし、これは自国の防衛や国際戦略のためではなく、国連の常任理事国の地位確保に向けての象徴的な意味合いが強いとされている。英国の核兵器は潜水艦発射型弾道ミサイル（ＳＬＢＭ）「トライデント」だけだ。これを搭載できる４隻のバンガード級原潜は、すべてクライド基地を母港にしている。

スタージョン党首率いるスコットランド国民党（ＳＮＰ）はスコットランドの非核化を公約に掲げ、２０１５年の総選挙で59の下院議席のうち、56議席を確保、圧倒的な支持を得ている。再度の住民投票が実施され、独立が実現すると、核兵器関連の艦隊、施設を英国の他の地域に移す必要が生じてくる。またスコットランド行政府は２０２０年までに、同基地から核戦力を排除する方針を表明している。

新たな基地整備などにはかなりの費用負担が求められ、さらに「10〜20年かかる」ともいわれており、英国内での核戦力の即時移転は困難とされる。核保有そのものの是非が国民的議論にされかねない。

基地が閉鎖されれば、英国のみならず、英国が主体的に参加する北大西洋条約機構（ＮＡＴＯ）の戦力にも響いてくる。ＮＡＴＯの対ロシア戦略や、イスラム過激派によるテロの脅威への対策にも影響を生じさせかねない。

地元住民の間でも英政府が核兵器を押しつけたクラウド基地の存続には反対する意見が多い。そのうえで「核戦力を基地から排除し、通常兵器を代わりに配備して基地の雇用は維持してほしい」との要望が高まっている。

スコットランドの独立機運の高まりは2年前より勢いを増しているように感じられる。ソ連の崩壊が辺境のバルト三国で始まったように、連合王国の北端であるスコットランドが「崩壊の震源地」となる可能性も取り沙汰されている。「ユニオンジャック」の名で親しまれる英国旗から、スコットランドを示す青地に白のXが消える日が来るのか。命運をかけた英国やEU側との駆け引きは、世界の注目を集めている。

北アイルランドやウェールズで何が起こるか

北アイルランドで再び紛争も

北アイルランドでも動揺が広がっている。英国で唯一の陸続きの国境を持っているからだ。現在は英国と地続きのアイルランドが共にＥＵ加盟国なので、北アイルランドと隣国アイルランドの国境は自由に往来できるが、英国が離脱すると、厳格な国境管理が行われる可能性がある。

北アイルランドでは１９６０年代末から90年代までカトリック勢力とプロテスタント勢力の間で紛争が続き、カトリック過激派アイルランド共和軍（ＩＲＡ）を中心とするテロ組織に対抗するため、英国軍がパトロールする危険な地域だった。98年の和平合意によりＥＵ始め国内外から投資が増え、経済が復興して平和が訪れた。しかし、再び国境管理の強化などで経済が行き詰まれば、過激派が再活発化して紛争に発展しかねない。

多数の犠牲者を出した北アイルランド紛争の傷痕がいえぬ中、「南北統合」を模索する動きが高まっている。55・7％がＥＵ残留を支持しただけに、住民投票を求める声があがっている。

北アイルランドのマーティン・マクギネス自治政府副首相は、ロイター通信にこう語った。

「英政府はもはや今後のＥＵとの交渉で北アイルランドの意見を代表する民主的権限を持たない。南北アイルランド統一をかけた投票を行う義務があると確信している」

英国からの分離を求めた武装組織ＩＲＡの元司令官だったマクギネス氏はシン・フェイン党員である。同党はＩＲＡの政治組織で、独立と南北統合を目指している。国民投票後、統合への人々の関心が「再び高まっている」と語った。

アイルランドとの国境の町、ニューリーでは、国境検査復活に対する懸念が高まっている。車で南に約20分走れば、アイルランド国境だ。かつては移動が厳しく制限され、和平が進んだ１９９０年代にようやく制限がなくなった。

英国がＥＵから離脱すれば、ＥＵ圏のアイルランドと国境が復活し、「検査を行わざるを得なくなる」と懸念されている。ニューリーは不法移民の通過地域として知られ、彼らを食い止めるにもチェックが不可避となる。

このため北アイルランド市民は将来アイルランドでの移動や就労が容易にできるように、早々とアイルランドの旅券を取得しようと、国民投票後、アイルランド旅券の申請者が急増。ロイター通信によると1日200件程度だった申請件数が4000件に跳ね上がった。

北アイルランド紛争時から英国による統治を望んできたプロテスタント系住民も、動揺を隠せない。こうした動きを契機に北アイルランドが英国から分離独立して、アイルランド南北統合に進むとの見方もある。北アイルランドでも和平問題や住民生活への影響が懸念され始めた。

「過去のような厳しい国境管理に戻ることは誰も望まない。北アイルランドと全英国にとって最大の利にかなう方法を見つけねばならない」

首相就任後初めて北アイルランドを訪問したメイ首相は7月25日、記者会見で胸を張った。紛争が繰り返されてきた北アイルランドで、EUを離脱しても検問を設けるなどEU加盟国アイルランドとの国境管理を大幅に強化する考えがないことを宣言して、連合王国分裂の回避に必死の姿勢を示した。続く26日はロンドンでアイルランドのケニー首相と会談。英国がEUを離脱しても、北アイルランドとEU加盟国であるアイルランドの国境管理を大幅に強化せず、自由な往来を継続することで合意し、和平プロセスを後退させないよう緊密連携すると宣言してみせた。

ウェールズ、ロンドンの動き

また西部のウェールズからも独立を目指すと表明する動きが表面化した。ウェールズ民族党のリアン・ウッド党首は、離脱派勝利を受けて「EUに残るためにウェールズも独立を目指す」と英国のテレビインタビューで表明した。ウェールズは国民投票で離脱派が51・7％と過半数を占めたが、「ウェールズの人々はEUのメンバーでありたいと思っている」として党内で協議する方針だ。

さらに驚くべきことに、首都ロンドンにまで独立構想があるという。ロンドンのサディク・カーン市長が6月28日、EU離脱に伴う経済不透明感を乗り切るため、ロンドン市の自治権拡大を要求する考えを表明したのだ。イングランドで唯一、残留を支持したロンドンで「独立」を求める署名が17万人を超えており、EU残留をにらみ経済地盤沈下を防ぐ狙いが指摘されている。

カーン市長は「ロンドン市民を代表し、直ちに首都の自治を要求する」と主張。「先行き不透明感からロンドンの経済を守るには一層の自治が必要。ロンドンで活動する世界各国のビジネスを守り、雇用と富、繁栄を守るため自治権拡大が不可欠」と訴えた。

具体的には、国から徴税権の委譲や運輸、住宅・都市計画、保健、治安維持などでロンドン市の裁量を増やしたいとのこと。

国民投票後、英国から独立し、ＥＵには残留する「都市国家」への運動が高まり、オンライン署名が17万５０００人以上集まり、独立機運が高まっている。カーン市長は、「都市国家というアイデアに賛成だが、現在は独立を真剣に考えていない。Ｍ25（環状高速）に国境を設けることは計画していない」と述べるに留まった。

イングランドのナショナリズムが開けたＥＵ崩壊という「パンドラの箱」はスコットランド、北アイルランドに続き、ウェールズの市民のナショナリズムに火をつけ、３００年束ねていた「連合王国」のたがが壊れようとしている。英国の未来は決して明るいものではないだろう。

共産主義のイデオロギーがまやかしと気付いてソ連が崩壊に向かったように、グローバル競争で生じた格差から来る内向きの大衆迎合主義が「英連合国家」を解体させるならば、グローバル化の波が広がる世界でも同様の「崩壊」が生じる危険性があると考えられる。「パンドラの箱」を開けた英国の教訓は少なくない。

第4章

再び英露の「グレートゲーム」が始まる

ドーピング問題に揺れるウラジーミル・プーチン露大統領と、
女子棒高跳びのエレーナ・イシンバエワ選手
（写真提供：SPUTNIK／時事通信フォト）

始まったロシアの逆襲

プーチン大統領の攻勢

「キャメロン首相は国民投票に先立つ声明でロシアの立場を話していたが、それは根も葉もなく、全く根拠がないものだ」「ましてや投票後に、ロシアの立場を代弁する権利は誰にもないし、それは政治文化の低俗さを示すものだ」

ロシアのプーチン大統領は、英国民投票でEU離脱の選択を受けて6月24日、上海協力機構の首脳会議が開かれたウズベキスタンの首都タシケントで、キャメロン首相の発言に苦言を呈した。投票前「中立」と称して一切控えていたプーチン氏の初めての論評は、皮肉たっぷりで痛烈な批判だった。

キャメロン首相の発言とは、国民投票に先立って、「英国がEUから離脱したら誰が喜ぶだろうか。プーチンは喜ぶだろうし、バグダディもそうだろう」と過激派組織「イスラム国」（IS）の最高指導者であるバグダディ容疑者とともにプーチン大統領の名を挙げて、残留支持を国民に訴えたものだった。

プーチン大統領は、キャメロン首相の「発言」を一笑に付して「失言」扱いしたが、決して失言ではない。米国を背後にした対露最強硬派の英国の離脱により、EUの足並みに乱れが生じる。それに乗じてプーチン政権が、EUの対露政策の結束を揺さぶる好機と捉えて対露制裁緩和や経済協力実現を目指して切り崩してくることが確実視されるからだ。

EU諸国内では、イタリアやギリシャなど経済的利害から、ロシアとの関係改善を求める国も増えている。

実際にロシアのプーチン政権は、英国のEU離脱決定後、離脱の混乱で欧州の結束が崩れると踏んで欧州に対して攻勢をかけてきた。EUは7月1日にウクライナ問題を巡る対露制裁を来年1月まで延長することを正式に決めたが、プーチン大統領は欧州各国と個別外交を展開、ウクライナへの軍事介入は継続しながら譲歩はせず、制裁包囲網切り崩しに躍起だ。

フランスのオランド大統領と6月30日、電話会談でウクライナ問題を協議したプーチン大統領は、翌日の7月1日にはフィンランドを訪問して、ニーニスト大統領と会談、「信頼醸成と紛争回避への最初の一歩」としてNATOとの対話を始めるよう努める意欲を見せ、ロシアと国境を接するフィンランドに対して、NATO入りしたらロシア軍部隊を国境に近づげざるを得ないとの認識を示し、NATO加盟を牽制した。プーチン大統領は、ロシア国境に迫るNATOの東方拡大を「脅威」と受け止め、これ以上の拡大は絶対阻止する構えだ。

モスクワからの報道によると、英国の離脱決定後、議会関係者は、「EUはウクライナのことを考える余裕がなくなった」「対露制裁はせいぜい年末までだろう」などとEUの弱体化を見越して強気の見通しを示しているそうだ。プーチン大統領自身が、米国とともに対露強硬派だった英国のEU離脱がロシアに有利に働くことに自信を深めているという。

懐柔役はドイツ

この背景にあるのはドイツの動きだ。2014年にウクライナ領クリミア半島を武力で自国に編入し、東部にも侵攻して欧州から経済制裁を受けたロシアに対して、今年初めからドイツのシュタインマイヤー外相らが仲介役として制裁解除の環境整備に乗り出している。ロシアとはシリア内戦や難民問題で協調する必要があるという思惑があってのことで、ドイツがロシアを懐柔する役割を果たしているといえよう。また先にも触れたが、天然ガス供給などで経済的に関係改善を図りたいイタリア、ギリシャ、キプロスなど対露融和派がEU内に増えている。

これに対して英国のほかにロシアと国境を接するバルト三国（かつてのソ連共和国であるリトアニア、ラトビア、エストニア）と衛星国だったポーランド、バルト海を挟んでロシアと向き合うスウェーデンはロシアの侵攻を警戒し、強硬姿勢を崩していない。ＥＵ内の諸国で温度差が目立ち始めた。

こうしたことから対露交渉に関係する欧州の外交筋は、ロシアは英国の離脱決定を受けて一層強気になっており、ロシア外務省はウクライナ問題での協議を回避したと伝えられている。またウクライナ東部では、英国の離脱決定直後からロシアが支援する親露派武装勢力とウクライナ軍の戦闘が激化。ウクライナ側に連日死者が出ている。プーチン政権が欧州の足並みの乱れを探るために一気に攻勢に出ているのではないかと伝えられている。

やはり、英国の離脱騒動で実利を得たのはプーチンのロシアにほかならない。

かつて85年にソ連の最高指導者に就任したミハイル・ゴルバチョフ大統領は「欧州共通の家」を提唱し、東西対立から融和へと大きくかじを切った。東欧の民主革命が欧州の分断を修復させた。軍事機構、ワルシャワ条約機構を解体、東西冷戦は終結した。しかし、欧州の一員として西欧と共に冷戦後の平和を模索しようとした旧ソ連と後継国家ロシアの願いも、あえなく失敗に終わった。そして２６００万人もの犠牲者を出して第二次大戦を戦った末獲得した東欧の緩衝地帯の国々は、次々と「鉄のカーテン」の向こうの「敵」のもとに逃避した。皮肉にも冷戦終結から四半世紀を経た7月8、9日、英国のEU離脱選択後の首脳会議で、NATOはかつての衛星国ポーランドや旧ソ連の共和国だったバルト三国に多国籍大隊を展開することを決めた。

「西側は何度もロシアを裏切ってきた」。クリミア併合の際にNATO拡大に怒りの矛先を向けたプーチン大統領は、クリミア半島に最新鋭の対空ミサイルシステム「S400」を実戦配備する準備を進めているといわれる。NATOと正面衝突も辞さない。

いまロシアは、疎外された屈辱をはらそうとしている。いわばポスト冷戦時代となった今、「冷戦の敗者」ロシアの復讐が始まったといえる。

甦るケナンの警告

冷戦の終結、ソ連崩壊を米国の完全勝利と捉え、ロシアを敗者のように扱い、NATOを東方拡大させたことは、果たして正しかったのだろうか。そもそもNATOの東方拡大をしないという暗黙の合意があったためソ連はワルシャワ条約機構を解体した経緯がある。そこをロシアは「裏切り」と指摘しているのだ。

「封じ込め」という米国の冷戦政策を策定した外交官、ジョージ・ケナンが、１９９７年にニューヨーク・タイムズ紙に次のように寄稿してＮＡＴＯ東方拡大に反対していたことを思い出す。

「ＮＡＴＯの拡大は、米国の冷戦以降の外交方針の『致命的な誤り』となるだろう」。なぜなら、それによって「ロシア世論において、ナショナリスティックで、反西欧的、軍事主義的な傾向に火をつけることになる。ロシアの民主主義の発展にとって逆効果となり、結果としてロシアの外交政策を私たちが望まないような方向へと追いやることになる」からだ。

欧州が一つに戻ったとしてＥＵはノーベル平和賞を受賞し、その拡大も評価されたが、ロシアとの軍事的な緊張が冷戦終結後、最も高まったいま、ＮＡＴＯとＥＵの東方拡大の在り方も再考されることもありうるだろう。

ロシア　毒殺の伝統

元スパイ毒殺事件はプーチン大統領が関与している

英国は常にロシアに最も厳しい姿勢を取ってきた。英国と手を携えて心を一つにしたのが、ポーランドやバルト三国など、旧ソ連、帝政時代からロシアに何度も煮え湯を飲まされてきた小国だった。

キャメロン氏は、今年2月下旬にブリュッセルでＥＵ首脳たちと最後の交渉を行う前の同月7日、ポーランドを訪問した。7月のＮＡＴＯ首脳会議では同国のベアタ・シドゥウォ首相に「(ロシアに近い)東側の強化を検討しなければならない」と述べ、東欧でＮＡＴＯ軍を増強して共に対露強硬作戦を取る姿勢をアピールしたのだった。この宣言通りロシアに接するポーランドとバルト三国に最大で４０００人の多国籍大隊を駐留させることが決まったのは前に書いた。

冷戦時代に回帰するＮＡＴＯの中でもとりわけ英国とロシアの外交関係は、冷え切っている。発端となったのが、2006年に英国に亡命していたロシアの反体制活動家、元ロシア連邦保安局（FSB）のアレクサンドル・リトビネンコ元中佐が首都ロンドン中心部のホテルで放射性の毒物で暗殺された事件だった。

政治は冷え切っているが、ソ連崩壊直後から、英国とロシアの経済的な結びつきは強い。新興財閥や富豪が英国に資産を移し、不動産などに多額の投資をしている。エリツィンファミリーの金庫番と呼ばれたロマン・アブラモービッチ氏がサッカー・プレミアリーグの人気チーム、チェルシーを買収したり、エリツィン前大統領の孫が英国有数の名門私立の寄宿校に入学したり……。プーチン政権幹部やプーチン大統領自身も英国に資産を逃避させているとの噂も根強い。

また、プーチン大統領を批判して2013年にロンドン郊外の自宅で死亡した政商、ボリス・ベレゾフスキー氏が亡命。ロンドンで人気のある無料配布の夕刊紙、イブニング・スタンダード紙も元国家保安委員会（KGB）のロシア人富豪が買収して経営している。ロシア人買い物客がロンドンの高級ブティックでブランド品を大量に買い占める光景も珍しくなかったが、ウクライナ危機による14年7月の経済制裁発動で激減した。

今年1月に出たリトビネンコ事件の独立調査委員会の最終報告も、ロシア政府の国家犯罪の可能性とプーチン大統領の関与を示唆したことで、ロシアは駐英大使を召還するなど関係冷却化に拍車をかけた。

英国の独立調査委員会によると、リトビネンコ氏はプーチン政権を批判し英国に亡命したが、6月1日午後、ロンドン市内のホテルで茶を飲んだ後、体調を崩して同月23日死亡。尿から猛毒の放射性物質ポロニウムが検出された。同委員会は①ポロニウム210の追跡結果や監視カメラ映像から、リトビネンコ氏とホテルで会い、事件後ロシアに帰国した旧KGB職員ら2人が、殺害する目的で茶にポロニウムを入れてリトビネンコ氏を暗殺したと推測。②2人には個人的にリトビネンコ氏を殺害する目的はなかった。③殺害はかなりの高い可能性でFSBの指示で行われた。④ロシアは2人の身柄の引き渡しを拒否しており、FSBの暗殺は恐らくFSB長官だったニコライ・パトリシェフ安全保障会議書記とプーチン大統領が承認していた、と結論づけた。

なお、英検察当局は翌年の2007年5月、ロンドンでリトビネンコ氏と接触した旧ソ連国家保安委員会（KGB）元職員の実業家、ルゴボイ容疑者の犯行と断定したが、ロシア政府は身柄の引き渡しを拒否している。

ポロニウムとは、ポーランド出身のノーベル物理学賞・化学賞受賞のキュリー夫人が18

98年に発見した放射性物質である。ポーランドのラテン語が語源になっている。強い放射線を出すとされ、放射性元素の中で最も有毒とされている。

閉鎖都市で放射性毒物製造

サセックス大学のノーマン・ドムベイ教授の研究によると、大変希少で致死量に達するポロニウム210を製造できるのは核兵器を製造するロシア西部の二つの閉鎖都市だけで、このポロニウム210で2004年にもチェチェンの反体制指導者などが毒殺されており、ポロニウム210を使用できるロシア政府が国家として殺害に関わった可能性が高い。またポロニウム210は3度モスクワから持ち込まれ、06年10月にもリトビネンコ氏はポロニウムを盛られていた可能性がある。

また、英国独立調査委員会は、さらに事前テストとして、2004年にボルゴグラードで収監していたチェチェンの反体制活動家のイスラモフ氏ら2人にもポロニウム210を飲ませ、殺害したと報告した。

ロシアがリトビネンコ氏を殺害した動機として、リトビネンコ氏が①2006年にプーチン氏が権力を掌握する契機となった1999年のモスクワのアパート爆破事件が、FSBの自作自演であったことなどプーチン氏の「アキレス腱」を明らかにした。②のちに殺害された元KGB職員を英秘密情報局（MI6）エージェントに勧誘しようとした。③プーチン氏の政敵の政商、ベレゾフスキーやチェチェンの反体制活動家、アフメド・ザカエフ氏と友人関係にあった――などを挙げている。英国の独立調査委が毒殺動機を、秘密を暴露したことに対するプーチン大統領の「私憤」と認定したところに、英国のロシアに妥協しない強い姿勢が認められる。閉鎖都市でポロニウムを製造したと結論づけたことも、ロシアという国家を容赦しない意志が込められていた。

調査委は、同氏の妻、マリーナさんの要請を受けて英政府が2014年7月、設置を受け入れた。委員長は、事件で検視官を務めたロバート・オーエン氏。ロンドンの王立裁判所内などで開かれた。計62人の関係者からの聞き取りを実施し、オーエン委員長は政府の秘密文書を読む権限も与えられ、証人の発言と秘密文書の内容などを総合的に判断して最終調査結果を作成した。

英露関係は最悪に

英国の独立調査委員会が最終報告書でロシア政府の関与の可能性を示し、リトビネンコ氏のほかにポロニウム210で毒殺された人物を特定したことから、ロシアが政敵をいとも簡単に毒殺する「暗殺国家」であることが改めて裏付けられた。

当然ながらロシアは反発した。モスクワのクレムリンは全面否定し、駐英大使を召還した。プーチン氏が殺害を指示したと主張してきた妻のマリーナさんは「死の床でプーチン氏を非難した夫の正しさが証明された」として、英政府は英国からロシアの情報員の追放や経済制裁をするべきだと語った。

さらに英外務省は、「ロシア政府が国家として関与した可能性のある毒殺は国際法に違反しており、英国民に不安を与え、二国間関係を複雑化させる。ロシアは容疑者の身柄を引き渡すべきだ」との声明を発表。メイ内相（当時）は「国家として恐らく関与したことに憂慮する。民主国家の最も基本的な国際法を逸脱する受け入れがたい行為」と憤った。

BBC放送は、英労働党が2018年にロシアで予定されているサッカーのワールドカップ（W杯）開催を辞退させるべきという主張を行ったと報じた。事件後、ロンドン警視庁が旧KGB職員ら2人を起訴して身柄引き渡しを求めたが、ロシアは拒否。英露関係は外交官を互いに追放するなど、冷戦後、最悪に陥った。

ロシアスパイ暗躍

首都ロンドンの中心地でロシアのスパイ同士が殺害事件を起こしたことに、英国のメディアも容赦なかった。英国各紙は「英国内でのロシアによるスパイ活動が冷戦時代に戻り、活発化していることを浮き彫りにした」と警告を発した。

タイムズ紙ではインテリジェンスの第一人者のコラムニストで作家のベン・マッキンタイヤー氏が、「このようなロシアの言語道断の国際法違反の行為にどう対応すべきか、歴史が示している。105人のソ連のスパイを、外交官の身分で地下鉄の破壊工作や要人暗殺を企てたとして国外追放した、1971年のオレグ・リャーリン事件を思い出すべきだ」として「いまこそ長い間懸案だった、英国内で活動するプーチンのスパイを一掃すべきだ」と説いた。マッキンタイヤー氏は、英国内でロシア人同士の毒殺事件が起こったことは国家主権を脅《おびや》かすものとして「英国内で着実に増えつつあるロシアのスパイ活動は、国家の安全保障を揺るがす真の脅威」と警告した。

さらに同紙モスクワ特派員はFSBの内部事情に詳しいジャーナリストの証言として、「外交官の資格や英国の民間人として、また民間ロシア人ビジネスマンとしてロシアのスパイ活動が活発化しており、ロンドンのみならず英海軍基地近くなど英国内で最低30人が諜報活動を行っている。冷戦時代を彷彿《ほうふつ》させる」と報じた。

デイリー・テレグラフ紙も社説で、「1984年から、英情報局保安部（MI5）の主要業務がイスラム過激主義によるテロへの対策になり、職員の3分の2がテロに対する防諜に関わっている」と指摘、インテリジェンス研究の重鎮、ケンブリッジ大学のクリストファー・アンドリュー教授の談話を引用して「74年にMI5の職員の52%が対スパイ活動に従事していたが、現在は全体のわずか7・5%にすぎない」と昨今のテロ全盛時代の状況を指摘した上で、「テロの恐怖もあるが、MI5は英国内のロシアなど外国人スパイの摘発が最優先事項であることを忘れてはならない」と論評した。

なお、毒殺容疑者2人の資産凍結や渡航禁止など、対露制裁についてガーディアン紙は社説で、「制裁はプーチン大統領の心証を損ね、ロシア国民の心を傷つける無駄で偽善的な行為なので止めるべきだ」と批判した。

ボルシチに睡眠薬——私自身の経験

リトビネンコ事件において、プーチン大統領が毒殺を「承認した可能性が高い」とする英国の調査委員会の結論には妥当性がある。私自身、モスクワ特派員時代にロシア情報機関から飲食物に睡眠薬を混入された経験があるからだ。

赴任して間もない1997年4月か5月ごろだった。投宿したサンクトペテルブルクのホテルでルームサービスのボルシチを取って食べたところ、衣服を着たまま熟睡してしまい、翌朝起きると財布の中から、米ドル札だけが抜き取られていた。パスポートやルーブル札は残っていた。不審に思い、外務省の知人に相談すると、しばらくしてロシア情報機関から次のような回答があったと伝えてくれた。

「あなたの行動をずっと見張っている。今回はそのことを知らせる警告だ」

入り口の鍵とチェーンロッカーはかけていた。「彼ら」はボルシチに睡眠薬を混入して眠らせた上で、隣室からコネクティングルームの鍵を開けて侵入したようだった。幸いにも混入されたのが睡眠薬で、ポロニウム210などの致死性の毒物でなかったことに胸をなで下ろす。薬物をいとも簡単に混入させ相手を意のままに操ろうとするロシア国家の本質を垣間《かいま》見て、このことを思い出す度にいまでも背筋が寒くなる。

毒殺の伝統はいかにして生まれたか

ロシアでは毒物によって暗殺する伝統がある。古くは帝政ロシア末期に、「人心を乱す怪僧」と危険視されたラスプーチンに青酸カリを飲ませ、殺害を試みたことはよく知られている。そしてターニングポイントとなったのが、秘密警察「チェカー」の設立であった。国家保安委員会（ＫＧＢ）の前身であるこの組織は、ロシア革命の父、レーニンが１９１７年の十月革命後、政敵に対するテロ暗殺のためにつくったものである。このチェカーにおいて毒物研究が行われたことが発端となり、フェリックス・ジェルジンスキーらが裁判なしに反革命派を逮捕・処刑、最後の皇帝ニコライ2世一家殺害にも関与した。

78年、ブルガリアの反体制活動家がロンドンで、傘の先に仕掛けられた猛毒、リシンによって殺害された。ＫＧＢの対外防諜局長で米国に亡命したオレグ・カルーギンが、亡命先でＫＧＢの犯行であったことを暴露している。

スターリン時代、規模が拡大され、ソ連崩壊後はＦＳＢが研究を引き継いだ。ロシア西部サロフの国家施設アヴァンガルド・プラントで開発された放射性物質ポロニウム２１０は最新の「凶器」といえるものだった。サロフは、旧ソ連時代には「アルザマス16」の名前で呼ばれていた、秘密核兵器都市だったのである。

モスクワアパート連続爆破事件

先述したように、報告書は暗殺の動機を「FSBの腐敗を告発するなど、リトビネンコ氏はロシアに多くの敵を作った」としている。

これはすなわち、99年に300人の死者を出したモスクワアパート連続爆破事件の〝内幕〟を暴露したことを指している。

プーチン氏が、第二次チェチェン紛争の引き金となったアパート連続爆破事件を契機に絶大な権力を握るようになったのは有名だ。

リトビネンコ氏は、98年11月、政商ベレゾフスキー氏の暗殺を命じられながら、その命令を内部告発して逮捕された。当時の彼の上司のFSB長官がプーチン氏だった。リトビネンコ氏は無罪となるが、翌年再逮捕され、再び釈放され2000年に家族を連れて英国に亡命した。

ロンドンでリトビネンコ氏は、モスクワの一連のアパート爆破事件とプーチン氏の大統領就任を結びつける告発本『Blowing Up Russia（ロシア爆発）』を出版する。アパート爆破事件はチェチェンの犯行としたプーチン氏はそれを理由にチェチェン弾圧を行い、国民から圧倒的な支持を得た。病弱なエリツィン前大統領はプーチン氏を後継者に指名、99年12月に引退。チェチェン平定を果たしたプーチン氏は2000年3月大統領選挙で圧勝する。

権力を掌握するきっかけとなったアパート爆破事件は、チェチェンのテロリストの犯行ではなく、FSBのプーチン勢力による自作自演だったと内部告発。このことがプーチン氏の逆鱗《げきりん》に触れたと報告書は分析している。報復と見せしめの可能性が強い。リトビネンコ氏自身は、死のベッドで書いた遺書で、プーチンとFSBにやられたと述べている。

リトビネンコ氏と連絡を取り、FSB関与疑惑を調査した野党のセルゲイ・ユシェンコフ下院議員は2003年4月、射殺されている。

また次期大統領候補といわれたアレクサンドル・レベジ元安全保障会議書記も、アパート連続爆破事件は「治安機関が関与している疑いがある」と発言して、乗っていたヘリコプターが突然墜落する不審な事故で死亡している。

99年にモスクワに赴任していた筆者も、第二次チェチェン紛争の引き金となったアパート連続爆破事件がチェチェンのテロと結論付けることに疑念を抱いたことを覚えている。あまりにも証拠に乏しく唐突に思えたからだ。ロシアの暗殺を巡る闇は深い。

キム・フィルビーの亡霊

先述したように、戦後の西欧全体が軍事力を中心としたソ連に恐怖を抱いていた。インテリジェンスでも戦前から共産主義イデオロギーとハニートラップを駆使して西側諸国の中枢に浸透し、二重スパイから機密情報を入手するソ連のKGBは最大の脅威だった。英国はEU内でも対露最強硬派の姿勢を続けてきたが、冷戦時代にはソ連が仕掛ける諜報戦に防戦を強いられたこともあった。戦間期から1950年代にかけて英国で活動したソ連のスパイ網、「ケンブリッジ・ファイヴ」もその一つだった。上流階級出身、ケンブリッジ大学トリニティ・カレッジを卒業して外務省や英国秘密情報部（SIS、通称MI6）に務めるエスタブリッシュメント。そんな彼らが、ソ連のスパイだったことは英国を震撼させた。

その中心人物で、MI6最高幹部で対ソ諜報の責任者でありながら、ソ連に機密情報を流し続けた英国史上最も悪名高い二重スパイ、キム・フィルビーのソ連亡命後の1981年の秘蔵映像が4月に流れ、「悪魔の亡霊が甦った」と英国社会に新たな衝撃を与えた。映像の中でフィルビーは、旧東独の情報機関シュタージで、「摘発されなかったのは上流階級のため」「MI6は規律が低い」など30年に及ぶ祖国への背信行為の実態を告白したのだ。

この映像はBBC放送がベルリンのシュタージ公文書館で発掘したものだ。ケンブリッジ大学在学中の1930年代に共産党員となったフィルビーが、63年にソ連に亡命するまでのソ連スパイとしての半生について講演したときの記録である。

「わが同士諸君」で始まる講演では、フィルビーは「30年間敵陣営にいた」と自信に満ちあふれ、MI6について「東側（共産主義諸国）が想像するほど能力は高くなく、危険な組織ではなかった。とりわけ大戦中は」と語っている。さらに毎晩、自分が書いた書類を含め多くの機密文書をケース一杯持ち出し、ソ連の担当官に渡し、担当官が写真を撮影して翌朝早々に所定の場所に返した、これを定期的に何年も続けたと打ち明けた。

文書を保管する係官と飲食を共にして仲良くなれば、容易に機密文書を持ち出すことができたとして、規律は厳格ではなかったと述べている。

ソ連のスパイでありながらソ連部局トップでMI6長官候補のナンバー2まで上り詰めたのは、ソ連側の要請で、「汚い手を使って自分の上司を排除した。われわれの仕事（情報活動）では時に、汚いことをしなければいけない」と、諜報のため計略を図って権力闘争をしたことを告白した。

30年間も二重スパイの正体が判明せず活動できたのは、「上流階級にいたのが助けになった」と答えた。実はフィルビーはソ連に亡命するまで、２度ほどソ連スパイの嫌疑がかけられたが、全く尻尾を摑ませなかった。そして30年間、冷戦下で母国英国と米国のＦＢＩ（連邦捜査局）を出し抜いて機密情報をソ連に送っていたのは、「支配階級出身で影響力のある多くの人間の知遇を得ていたため、自分に厳しい取り調べなどはできないことを理解していた。なぜなら（取り調べなどで）殴られたり、乱暴に扱われたりした後で（スパイではないと）間違いが判明すれば、ＭＩ５など治安当局のとてつもないスキャンダルに発展したからだ」と述べ、上流階級出身が隠れ蓑《みの》になったことを明かした。英国社会の階級制が「国家犯罪」の発覚を妨げたのだ。

英国の上流階級は名門パブリック・スクールに学び、オックスフォードやケンブリッジ大を卒業し、排他的クラブで社交を繰り広げる一握りのエリートだ。キャメロン前政権ではイートン校出身のエリートが集まり、キャメロン前首相やジョンソン外相らは、その筆頭格だった。男子だけの寮生活で育《はぐく》まれたすさまじいエリート主義がフィルビーの「史上最大の裏切り」を招いたとすると、フィルビーのイートン校の後輩にあたる英国の最高のエリートが導いた今回の国民投票によるＥＵ離脱も、同じ文脈で捉えることもできる。英国の階級制度の病根は根深いといえるだろう。

実際にフィルビーは、「階級に違いがあったため、強い疑惑を抱いても、MI5は真相を突き止められなかった」と認めている。

また尋問で自白を強要されても、「やるべきは自分の気力を維持することで、決して自白しないこと」と述べ、気力保持で尋問を切り抜けた経験を語っている。

この講演の7年後、ソ連崩壊の前年の88年に、フィルビーは祖国の地を再び踏むことなく、亡命したモスクワにて心不全でひっそりと死亡した。祖国を裏切った男は、結局ソ連から信頼を得ることもなかった。

ロシアの脅威に対峙するイギリス

離脱に伴う財政悪化で英軍の存在感低下

英国はEU離脱でロシアの後塵を拝することになるのだろうか。離脱に伴う財政事情悪化で英軍の戦略にも狂いが生じかねない懸念が指摘されている。

イングランドナショナリズムを背景にした離脱派の勝利で、EUの枠から解放されて、かつて七つの海を支配した大英帝国時代の「強い英国」の復活を目指して、メイ政権が軍事費増額に転じるとの憶測が広がるが、財政事情が逼迫しているだけに予断を許さない。

英国王立防衛安全保障研究所（RUSI）のマルコム・チャルマーズ副所長は、「EU離脱に伴う成長率の落ち込みに比例して、軍事費も削減される」と予測する。

膨れ上がった社会保障費による財政難に苦しむ英国は、1967年から71年に南西アジアやペルシャ湾岸から軍を撤退させた。その上で、NATOと連携を強化、西ドイツへの駐留や、北大西洋での警戒活動を担った。

冷戦終結で、他の欧州諸国が軍事費を見直す中、米国との「特別な関係」から、GDP2%を堅持して来た。さらにシリア内戦やイスラム国（IS）によるテロなど中東情勢の不安定化を受け、昨年11月に今後10年の「国家防衛・安全保障戦略」（SDSR）を策定。軍事大国化する中国やイラン、サウジアラビアなどを念頭に海外戦略を計画、ペルシャ湾岸のバーレーンでの軍事施設の建設、インド洋への艦艇派遣などを始めた。

しかし、EU離脱決定で財政悪化が必至で、SDSRの見直しも避けられない。新型原子力潜水艦や空母の建造、テロやサイバー戦への対策などは予算を削ることは困難なため、中東やアジア地域での英軍の活動は縮小を余儀なくされる。英軍の存在感が低下すれば、世界的な軍事パワーバランスが崩れる。そうなれば、欧州で対峙するロシアがさらに利するのは明らかだろう。

原子力潜水艦4隻を更新

「北朝鮮やロシアの増大する脅威に警戒を緩めるわけにいかない」

就任後、7月18日に初の議会演説でメイ首相が力を込めて語ったのが、北朝鮮とロシアの脅威だった。

「そうした脅威に対応する力が十分にある、50年続いた核抑止力を維持すべきだ」対露強硬姿勢を貫く新首相の訴えに、最大野党・労働党の議員の多くも賛同の意を示した。英議会下院（定数650）で、同国唯一の核戦力である潜水艦発射型弾道ミサイル「トライデント」を搭載する原子力潜水艦4隻の更新が、賛成472、反対117で承認されたのだ。

戦後、米ソに続き3番目の保有国となった英国は冷戦後、核戦力の約70％を削減してきた。日本と違って近隣諸国から核ミサイルを撃ち込まれるという「核の脅威」にさらされているわけではないからだ。国連安全保障理事会常任理事国（P5）のメンバーとして、潜水艦発射型戦略核ミサイルで最低限の「核抑止力」を維持し、国際社会での発言力を確保してきた。しかし310億ポンド（約4兆3000億円）、潜水艦など総予算にすると最大1670億ポンド（約23兆円）のコストがかかる更新については問題視され、核廃絶を訴える労働党のコービン党首らの反対を受け、核保有を巡って国論が真っ二つに割れていた。

しかしメイ首相は核戦力保持が「ロシアと北朝鮮の脅威から英国を守るだけでなく、スコットランドの幾千人の雇用を守り、同盟国や世界にとって重大」と述べ、更新の重要性を強調。EU離脱は決定したものの、NATOや国連などの国際舞台で影響力を保つため、抑止力維持を重視した形だ。

メイ氏とロシアの応酬

採決に先立ち、メイ首相が「ロシアの脅威は現在もある。警戒を緩めるわけにいかない」と演説したことについてロンドンの外交筋の間では、軍事費を増大させ、欧州最大の脅威となりつつあるプーチン・ロシアに対する英国の新たな挑戦状との観測が流れた。

すかさずロシアのドミトリー・ペスコフ大統領報道官が19日、反応してみせた。「ロシアはこれまで英国との良好な関係を維持してきただけに、メイ首相の『ロシアが潜在的脅威』との発言は極めて残念だ」

発表した声明は皮肉まじりの批判で、ロシアに厳しいメイ首相を牽制した。

だが、メイ首相がロシアと「衝突」するのは初めてではない。リトビネンコ事件でプーチン大統領の関与が指摘された独立委員会発表の際もロシアに厳しい姿勢を示し、ロシア側が反発する激しいやりとりがあった。

内相だったメイ氏は、英国内で発生した暗殺は「あからさまな（国際法違反）行為で認められない」と批判すると、ロシア外務省は、「純粋に刑事事件であるはずのものが政治問題にされ、二国間関係全体に影響していることを残念に思う」と逆批判で応酬した。

　ＥＵ離脱で財政難となっても、核抑止力を維持して影響力の保持を狙うメイ首相の視線の先に、ロシアが存在することは明らかだ。ＥＵから離脱してもＮＡＴＯでロシアの「潜在的脅威」に対抗していく構えだ。

ドーピング疑惑で対露包囲網

オリンピック出場禁止の勧告

英国民がEU離脱を選択した衝撃がさめやらぬ7月18日、ロシアのイメージダウンにつながるビッグニュースが世界を駆け巡った。2014年ソチ冬季五輪のドーピング問題を調べていた世界反ドーピング機関（WADA）の独立調査チームが、ロシアが国家主導で組織的にドーピングを行い、隠蔽《いんぺい》していたとする報告書を発表したのだった。

組織的なドーピングでロシアの陸上選手団がリオデジャネイロ五輪に出場できなくなっているが、調査チームのマクラーレン委員長は「陸上特有の問題ではない」と、不正がロシアスポーツ界全体に蔓延《まんえん》していると指摘した。組織ぐるみのドーピングは陸上界だけでなく大半の競技に広まり、検査機関の不正に政府が関与していたことが白日の下に晒された。WADAがリオデジャネイロ五輪からロシアの全選手を閉め出すべきだと勧告したのも当然だった。

東西冷戦時代、旧東独における国家計画としてのドーピングはよく知られていたが、ロシアでも国家ぐるみで違反を隠す「ドーピング文化」がソ連時代から根付いていたことに世界は驚愕した。

5月13日付ガーディアン紙のスクープをきっかけにして、ロシアではスポーツ省の指示で、ソチにあった分析機関がドーピングをした選手の検査サンプルをすり替えるなどの隠蔽をしていたことが判明した。不正は、10年のバンクーバー五輪が不振に終わった後、プーチン大統領が直接任命したスポーツ省の副大臣が中心となり、スポーツ省監督の下《もと》、行われたという。ロシアのスポーツ省が監督し、情報機関のロシア連邦保安局（FSB）や国内の反ドーピング機関も関与していた。

国内で開催された冬季五輪で、国威発揚のため最多メダル獲得を絶対的なノルマとするのは、共産党一党独裁だったソ連時代から変わらぬ体質だといえよう。そして諜報、治安を司るFSBが不正の一端を担っているのもロシアらしい。不正の効果からか、ロシアはソチ五輪で国・地域別で最多の33個のメダルを獲得して溜飲《りゅういん》を下げた。それだけに国家ぐるみの不正を暴かれたプーチン大統領はばつが悪かっただろう。

WADAが、リオデジャネイロ五輪でロシア選手団の全面的出場禁止を検討すべきだと国際オリンピック委員会（ＩＯＣ）に勧告すると、すかさずプーチン大統領は反論してみせた。「ロシアが国家レベルで選手のドーピングに関与したことはない」「ドーピングはロシアだけの問題ではない」。リオデジャネイロ五輪にロシア人選手が出場できるよう、法的に可能なことは全てやると息巻いた。そしてこれは「西側の陰謀であり、政治化すべきではない」と牽制した。

しかし、プーチン大統領が否定すればするほど、異質で得体の知れないロシアの闇が世界でクローズアップされる格好となった。ロシアにはＥＵ離脱決定によって英国が受けた「損失」を上回るイメージダウンとなったに違いない。

発端はドイツのドキュメンタリー番組

このドーピングにまつわる不正が明るみになったのは、２０１４年12月にロシアの陸上競技について放送したドイツ公共放送連盟（ＡＲＤ）のドキュメンタリー番組が発端だった。ロシア反ドーピング機関の元職員ビタリー・ステパノフ氏と、その妻で、ドーピングで選手資格を停止された８００メートル走者のユリアさん（旧姓ルサノワ）が、組織ぐるみのドーピングを告発したのだ。ロシアの選手が賞金の５％を国内のドーピング検査担当者に払い、禁止薬物の提供を受けたり、検査結果の改ざんを頼んだりしていることを暴露したのである。

続いたのが英国のメディアだった。昨年8月にはサンデー・タイムズ紙とARDが、11年にわたり選手5000人から採取した血液検査の結果を入手したところ、「想像を超えた不正の規模」がわかったと報道したことが、全容解明につながった。

ビタリーさんは、英メディアにしばしば登場して、「ロシアではドーピングが文化として深く浸透していると私たちは確信している。ロシアスポーツ界の幹部は、メダルを取ることを最優先して、フェアな競技や倫理は二の次、三の次。選手もそうです」と告発。冷戦後、自国の優位性を示すため組織的な不正を行ってきた「プーチン政権の闇」について、繰り返しイギリス国民に訴えたのである。

告白を受けてWADAが正式な調査を始め、15年11月9日、ロシア陸上界で選手の禁止薬物の使用や検査逃れのための贈収賄が日常化しているとの報告書をまとめた。組織的ドーピングを隠蔽するため、正規のものとは違う裏の検査場さえ存在していたことが発覚した。国際陸上連盟はその後、ロシア陸連を暫定的《ざんていてき》な資格停止処分にし、ロシア国籍の陸上選手は国際大会に出場できなくなった。

英紙にタレコミ　暴露本出版計画も

世界反ドーピング機関（WADA）から「不適格な組織」と認定された、ロシアの反ドーピング機関RUSADAのニキータ・カマエフ氏は2015年12月に更迭された。そして翌2016年、バレンタインデーの2月14日、カマエフ氏はモスクワ近郊の母親の別荘近くで、スキーの途中に突然心臓の痛みを訴え、死去した。科学者のカマエフ氏はソ連時代の1987年から、ロシアのドーピング検査機関で勤務してきた。「これまで、彼に心臓の問題があるとは聞いたことがなかった」と同僚は語った。

2月上旬、疑惑の核心にいたRUSADAのビャチェスラフ・シニョフ元会長が死亡していたことが判明した。死因は明らかにされていなかった。「2週間で元幹部2人が死亡した」と衝撃が広がった。

カマエフ前最高責任者が死亡した約1週間後、サンデー・タイムズ紙がスクープを放った。何とカマエフ氏がロシアのドーピング汚染にまつわる暴露本を執筆しようとしていたというのだ。ドーピング疑惑が陸上競技から他競技へと広がると指摘されてきた矢先、彼らが口を開けば、さらなる不正行為が暴露される恐れがあった。プーチン政権は国家ぐるみの不正を「ばかげている」と一笑に付したが、疑惑追及の最中とあって「口封じだったのではないか」との疑念を呼んだ。国家に〝刃向かう〟裏切り者を抹殺してきた歴史があるロシアだけにサンデー・タイムズ紙は「秘密を暴露する意図があったカマエフ氏のニュースは、死をめぐる疑惑をさらに深めることになるだろう」と報じた。

「私は真実を知っている」と内部告発の約束

「私は、これまで公表されていない事実や情報を握っている」

サンデー・タイムズ紙のスポーツ部門チーフ記者でロシアのドーピング疑惑を調査報道していたデーヴィッド・ウォルシュ氏によると、カマエフ氏が彼にこのような文面のEメールを送ってきたという。送信日は問題が世界に波紋を広げ始めた昨年11月21日、とウォルシュ氏は同紙に記している。

ウォルシュ氏はジャーナリストとしてロシアのドーピング不正を熱心に調査報道して実態に迫っていた。カマエフ氏は、ドーピング問題を追及する「権威」としてウォルシュ氏を指名してきたのだった。英メディアの追及は群を抜いていたといえる。

カマエフ氏は秘密の内部情報があるとして、ソ連時代からのドーピング疑惑の真実を明らかにする暴露本を書きたいと打ち明けた。ウォルシュ氏が返事を出すと、12月4日に再びメールで回答があった。

「私の個人的アーカイブには、秘密の情報源からも含むさまざまな書類がある」「保管している資料はドイツのテレビ局がドキュメンタリー番組で暴露したものとは比較にならない」国際オリンピック委員会（ＩＯＣ）などの世界的機関やロシアのドーピング機関とやりとりした書簡もあると売り込んできたという。

そこでカマエフ氏はウォルシュ氏とスカイプで連絡を取り合い、内部告発することを約束した。しかし、ウォルシュ氏はそれ以上、カマエフ氏と連絡を取らなかった。ウォルシュ氏は同紙にその理由を打ち明けている。

「カマエフ氏のメールが彼のものであることに疑いはなかった。しかし、カマエフ氏の3回目のメールは、彼の英語のレベルが英語で共著を出版できるほど高くないことを示していた。そして私は、カマエフ氏が認識している以上に疑惑や彼のことを知っていた」

カマエフ氏は11月、ＷＡＤＡの報告が発表されたとき、この報告書はロシアに対して極端なバイアスがかかったものだと非難していた。調査報道でロシアの国家犯罪を追及していた英国人ジャーナリストは、関係者や周辺から幾多の核心情報を得ていた。いわば不正追及の専門家には、当事者とはいえカマエフ氏が持っていた情報は生煮えで物足りなかったのかもしれない。しかしロシア国家の中枢にいた人間が、国家の不正の闇を、母国と敵対する英国メディアに暴露しようとしたことは紛れもない事実だった。

奇妙なことにロシアでは、カマエフ氏が暴露本を出版しようとしたことが明るみに出てから、カマエフ氏に関する国営メディアの報道が相次いだ。国営イタル・タス通信がRUSADA関係者のコメントを打電した。

「どこかの米国の出版社がカマエフ氏に本を書くよう依頼したようだ。彼は私に『執筆する価値はあるのか否か』と相談してきた。担当者が口述書き取りを始めた、でも彼はこのことに反対で、気にくわなかったようだ」

さらに、カマエフ氏は死亡する15日前、この関係者に「もう書きたくない」と打ち明けていたと報じている。

カマエフ氏は暴露本出版には積極的ではなかったとの国営メディアの報道以来、国内の反体制の動きが沈静化したと伝えられている。モスクワの外交筋は、「裏切り者を口封じした上に、反逆の事実を隠蔽して市民の怒りを沈静化させようとしているのではないか」と分析している。皮肉にもカマエフ氏が告発しようとした陸上競技のみならず、大半の競技で国家ぐるみのドーピング不正が行われていたことが、ＷＡＤＡの執拗《しつよう》な調査で明らかになった。

英メディアがロシア政府の国家ぐるみのドーピングの解明に果たした功績は少なくない。ロシアはウクライナ危機を契機に軍事力と世論操作を併せた「ハイブリッド戦争」（後述）を西側に仕掛けており、ドーピング問題で英国が反撃したとも解釈できる。

ロシア陸上選手らの訴えを退けたスポーツ仲裁裁判所（ＣＡＳ）の裁定に対して、ロシア外務省のザハロワ情報局長は「スポーツに対する犯罪」で、「五輪運動への打撃」になると非難。ロシア陸連のバラフニチョフ前会長はリオ五輪の期間中にロシア陸連が独自の大会を開くことも可能だとも息巻いた。孤立するロシアの焦りが見えた。

最終的にＩＯＣはロシアをリオデジャネイロ五輪から全面除外する処分を見送ったが、英メディアは、「リオ五輪全体の信頼性がずたずたになった」などと批判した。ＢＢＣ放送は計6個の金メダルを獲得した自転車のクリス・ホイ氏の「ＩＯＣの仕事は重大な決定を下すことだ」との談話を伝え、強い姿勢でロシアに臨めなかったＩＯＣを批判。フィナンシャル・タイムズ紙はロシアのプーチン大統領がドーピング問題を欧米による陰謀と主張したことを紹介。「ＩＯＣの決定はロシア政府の大きな勝利だ」と指摘した。強引に全面除外を見送らせたロシアの強硬姿勢が際立った。

ハイブリッド戦争

ウクライナ左派政党への働きかけがあった？

軍事力と、宣伝工作、情報操作、政治工作などの非軍事手段を併せた「ハイブリッド戦争」のやり方を、プーチン大統領はウクライナ軍事介入を通じて学んだとされる。

ウクライナ介入が長期化するとともに、その手口がますます露骨になっている。ハイブリッド戦争の目的は、NATO諸国の結束を乱して攻撃を仕掛けることにあるため、極左でも極右でも、NATO諸国を内側から揺さぶる政治勢力に金を渡して肩入れする非軍事手段が横行していると、ロンドンの軍事筋は警戒を強めている。

ウクライナ保安局（SSU）は、ロシアが秘密のルートを介して同国の左派グループに資金を供給し、同国西部で行われる選挙に介入しようとしたと非難した。

ウクライナ最西部でEU4カ国に隣接するザカルパッチャ州では、モスクワの民間団体を装ったロシアの諜報機関が、左派政党に不当に影響力を行使しようとした疑いがあり、SS

Uは「資金提供を受けた政党の行為は国家反逆罪にあたる」と、公式に警告書を送付して事実解明に乗り出した。

この政党は、資金提供の見返りにどんな活動を求められたのか。そもそも、具体的にどの政党を指しているのかもわかっていない。ウクライナには、「社会民主党」「共産党」「社会党」など多くの左派政党があるが、どの政党も沈黙を守っている。ロシア政府から公式反応もない。

ザカルパッチャ州は、ウクライナ軍とロシアの支援を受けた分離・独立派が戦闘を行っている東部の前線からは離れているものの、スロヴァキア、ハンガリー、ルーマニアと陸路でつながるウクライナの玄関口である上、ポーランドとも隣接している。すべてNATO加盟国で、最もロシアの侵攻を警戒する国々だ。4国にとって隣接するザカルパッチャ州が親露派に傾くと、ロシアの侵攻を招きやすくなる。結束の乱れにもつながりかねないだけに、戦略的重要性は決して低くない。

ロシアと他国政党とのつながりについて疑惑が生じるのは初めてではない。フランスの極右政党、国民戦線は2014年9月、モスクワの銀行から900万ユーロ（約12億円）の融資を受けたと伝えられている。

ドイツ議会の外務委員長を務めるノルベルト・レットゲンも6月、マリーヌ・ル・ペン国民戦線党首に融資を行ったとしてプーチン大統領を非難した。

ロシアのEU離脱プロパガンダ

インディペンデント紙（電子版）は、クレムリン（ロシア政府）が英国を離脱させようと仕掛けたと報じている。ロシア国営放送「スプートニク」（旧モスクワ放送）やロシア大使館などを総動員して、EU離脱の方法やメリットまで活発にプロパガンダしたという。同紙は、ロシアは欧州を分断させるため、シリアからの難民問題や移民が引き起こすレイプ犯罪など、EU拡大が引き起こした問題を必要以上に煽り立て、加盟国の足並みを乱してきたと指摘している。

プーチン大統領には二つの目的があった。これ以上欧州（EU、NATO）を東方拡大させないこと。例えば緩衝地帯となっているウクライナ、ジョージアのケースのように、欧州入りの動きが出れば、軍事介入してでも阻止する。二つ目は人口1億4300万人のロシアに比べて5億人と巨大な共同体のEUを解体させ、28カ国を分裂させ、小国の多くを支配することだった。

レットゲン外務委員長は、英国の国民投票で、ロシアがEU離脱派に資金援助したと警告。「西側諸国と欧州が弱体化するあらゆることが、ロシアとプーチン大統領にとって最も有り難い出来事」だからだ。国民投票では、デイリー・メール紙やデイリー・ミラー紙などの大衆紙が離脱派支持の報道を主導、高級紙ではデイリー・テレグラフ紙が欧州懐疑派の論陣を張ったが、ロシアとの接点は現れていない。しかし、ドイツのレットゲン外務委員長の証言を元にロシアが資金援助していた疑惑を伝えたインディペンデント紙のオーナーが元KGB出身のロシア人だったところに、いささか関連があるのではないかとの憶測も流れている。

果たしてロシアから、ジョンソン氏やファラージュ氏らの離脱派に資金提供があったのか。真相は藪《やぶ》の中だが、英MI5（情報局保安部）は、離脱派を率いた指導者たちの金庫と交友関係にロシアとの接点がないかどうか洗い出しを進めている。離脱派勝利の背後でプーチンの影がちらつけば、英国にケンブリッジ・ファイブ事件以来の衝撃が走ることは間違いない。ロシアのハイブリッド戦略にまんまと取り込まれ、国の舵取りを操られてしまったことになるからだ。

ロシアの狙いはウクライナだけではない。NATOのアナス・フォー・ラスムセン元事務総長は昨年4月、ロシアはギリシャやハンガリー、ブルガリア、フランスの政党およびヨーロッパ各地の非政府組織（NGO）への資金提供を行っていると明言している。ロシアと経済関係を拡大させたいギリシャやブルガリア、イタリアなどは対露制裁緩和に変わりつつあるだけに、欧州全域にハイブリッド戦争を仕掛けようとしているプーチン・ロシアに対し、英国は一層の警戒感を抱いている。

「英中黄金時代」のゆくえ

「パックス・チャイナ」に向けての第一歩になる？

では、中国はどう受け止めているのか。

英国は、アジアインフラ投資銀行（AIIB）に先進7カ国（G7）でいち早く参加し、2015年10月の習近平国家主席の英国訪問時には総額7兆円を超える大型契約を結んだ。経済関係が拡大されて「黄金時代」を迎えたと英中両国が主張していただけに、中国政府は複雑な思いだろう。欧州における中国の影響力拡大の重要な足掛かりを失うことを懸念する声もある一方、逆にEUの枠が外れた英国との「連携強化」が深まり、中国の対外貿易にプラスとなり、ロシアと連携して「パックス・チャイナ」（中華帝国のもとでの平和）に向けての第一歩となる「歴史的好機」との見方もある。

「国民投票という民主的なシステムは、ポピュリズムやナショナリズム、極右の影響から逃れることができない」（中国国営新華社通信）

「〝最高の民主の形〟とされた国民投票がいかなる結末を（英国や世界に）もたらすのか、中国人は引き続き観察していくべき」（人民日報の国際版である環球時報）

EU離脱を選択した英国の国民投票に対する中国の国営メディアの論評は皮肉たっぷりだった。「西側の民主主義の手法はポピュリズムにもろい」と、中国は漁夫の利を狙って欧州の混乱をほくそ笑んでいるようだ。

実際には、経済面では、EUの中でこれまで貿易問題などで比較的中国寄りとされてきた英国がEUから離脱することで、中国がEUに働きかけをする際の足掛かりを失うことが懸念されている。しかし一方で、西洋的な民主システムの欠陥によって欧州が分断されたことは、中国にとって逆にチャンスと受け止めている向きもある。EUのたがが外れれば、英国との個別交渉がやりやすくなる可能性が高いからだ。

英中貿易に詳しい在ロンドンの外交筋は、こう分析する。

「中国は、自由貿易の故郷である英国の方が、フランス、イタリア、スペインなどの保護貿易傾向の強い国々よりも交渉しやすいと考えている。だから今後も英中接近が続く。英国がEUから出ることで、中国製品の対英輸出のハードルが下がり、中国の対外貿易にはプラスになるからだ。むしろ英国が今後EUなどの貿易相手国・地域から有利な通商条件を引き出せなかった場合、中国との交渉で苦境に陥り、中国が通商面で英国から有利な条件を引き出す上ではまたとない好機になる」

中国税関当局の統計によると、昨年の英国との貿易額は785億4000万ドル（約8兆円）で対EU貿易総額の約14％を占め、貿易収支は400億ドル（約4兆円）余りの黒字。外国為替相場がポンド安になれば、中国の対英輸出額は押し上げられることになる。

在ロンドン中国大使館によれば、2015年前半の中英貿易額は428・3億ドルで、前年同期比3・4％の増加。中国から英国への輸出は292・3億ドル（0・6％増）で、英国の輸入総額の9・3％（0・9％増）を占める。

中国の英国からの輸入は135・9億ドル（10・1％増）で、英国全体の輸出の5・9％を占める。中国は英国にとって5番目の輸出先で、3番目の輸入先だ。

英国の貿易の約半分はEU域内なので、中国との貿易は、全体の5分の1以下だ。離脱を選択したことで、今後はEUに代わって中国との貿易へ比重が移るのは確実だ。またポンド安が進んでいるので、中国から英国への輸出も促進されるだろう。

習近平政権はここ数年、東、南シナ海問題などをめぐって日米や東南アジア諸国との関係が悪化するなか、欧州との関係を重視する政策を打ち出してきた。その中核が英国だった。

その成果ともいえる出来事が5月中旬の欧州議会であった。欧州議会が中国を「市場経済国」と認定することを拒否する決議を採択した際、英国は「中国からの商品輸入に制限を加えることに最後まで反対した」という。中国はEU離脱を機に、英国との貿易をさらに促進させ実績を残すことで、欧州諸国に中国への市場開放を促す戦略のようだ。

懸念されるのは武器輸出

そこで懸念されるのは、中国が英国を足掛かりに、欧州からの武器輸入解禁を働きかけることだ。

中国で民主化を求める学生・市民らが武力弾圧された1989年6月の天安門事件以降、欧州理事会（EU首脳会議）は人権重視の立場から中国に対する武器禁輸措置を宣言した。英国がEUから離脱すれば、中国は英国から武器を調達することが可能となる。軍事大国の英国は財政事情が逼迫しており、実利を求めて中国に武器を輸出するのではないかと観測されている。

昨年、中国が主導したAIIBには、英国が参加を表明したことで、欧州の主要国が雪崩《なだれ》を打って加わった。中国外交関係者は「英国が武器輸出を解禁すれば、金を儲けたいほかの国もそれに続く可能性が高い。ＡＩＩＢのときと同じ展開になる」と期待感を表明する。

「大変非礼だった」女王発言

では、経済関係の進展は、政治的・軍事的関係の進展も促すのか。

英国は成熟した民主主義国家であり、国民の権利擁護、言論の自由などを重視している。一方共産党一党独裁の中国では、国民の権利はかなり制約されている。両国の違いが多々あるだけに英国は経済関係だけを進展させるわけにはいかないことも事実だ。

英中両国が経済関係を強化する中、エリザベス女王が一部の中国高官について「とても非礼だった」と発言している場面がカメラに捉えられることがあった。２０１５年、習近平国家主席が英国を公式訪問したときのことだ。英王室は政治や外交について公的発言を控えるとされるだけに、代表取材のカメラクルーが撮影している園遊会で不注意に本音を漏らしたとは考えにくいゆえに、近年の度重なる中国の非礼を腹に据えかね、意図的に漏らしたのではないかとの観測が流れた。このことからも窺《うかが》えるように、経済的に力をつけた中国への反発が根強いのも事実だ。

園遊会での女王の「率直」な発言を招いたトラブルについて、タイムズ紙は、「訪英した中国政府の一行は、英国警備当局に、同行させていた多数の警備スタッフが護衛用に銃器を持つことの許可と、訪英中に英国で発生した反習近平政権デモの取り締まりを求めた。しかし、英国警備当局からいずれも拒否された」と伝えた。

訪英にあたり、一行は外交儀礼を遥かに超える多数の警備スタッフを同行させ、訪問する先々に派遣させた。英国では国家元首の公式訪問では、米国の大統領を除き随行スタッフに武器の携帯を許可していない。また外国の反体制派によるデモを取り締まることもしていない。

要求を受け入れなければ「訪問を打ち切る」と〝脅迫〟された英国警備当局は、外交儀礼を超える中国側の法外な要求に困り果て、女王が「中国側は（交渉に当たった）英国の駐中国大使にも非礼だったわね」「とんでもないですね」と発言したとみられる。

また中国は2014年の李克強首相訪英の際、エリザベス女王との面会を要求し、「応じないなら訪問を取りやめる」と脅し、空港式典でも「李首相の飛行機からVIPエリアまでのレッドカーペットが3メートル短い」と注文をつけるなど、経済発展したことで生まれた大国意識から傲慢な姿勢を続けてきた。

しかしキャメロン政権は米国の同意を得ずに中国主導のAIIBに参加表明したほか、原発建設計画などへ出資させ、人民元が国際通貨になるための後押しをした。さらに、米国が諜報機関と関係すると警戒する情報通信機器メーカー、「華為技術（ファーウェイ）」とさえ協力している。

ＢＢＣ放送のピーター・ハント王室担当編集委員は、「『英中黄金時代』の幕開けとの政府見解が出されたが、その舞台裏はかなり厳しいことになっていた。公の場で率直に発言するのは、彼女の夫の役割だったはずだが……」と述べ、女王が意図的に漏らした可能性を滲《にじ》ませた。

また王室に詳しいジャーナリストのリチャード・フィッツウィリアムズ氏は「王室は政治の上位にある。女王の無防御なコメントが流出するのは最初で最後だろう」（ロサンゼルスタイムズ紙）とコメント。王室周辺では米英関係を重視する女王が中国に傾斜するキャメロン政権を諫《いさ》める狙いで思い切って、このような発言をしたとの観測が浮上している。

一方、チャールズ皇太子は中国が敵視するチベット仏教の最高指導者、ダライ・ラマ14世と親交が深く、習主席を迎えた公式晩さん会を欠席している。

媚中派オズボーン退場

対中接近の旗を振った媚中派《びちゅうは》のオズボーン前財務相がメイ新政権から更迭されたことで、中国への急傾斜に一定の歯止めがかかることが期待されている。中国側で対英貿易協力を進展させたのは薄熙来《はくきらい》だった。ビジネスマンのニール・ヘイウッドが薄の妻・谷開来《こくかいらい》に殺害される事件により、薄も退場した。

中国は英国とともにドイツにも接近して、習近平国家主席や李克強首相によるドイツ訪問やメルケル首相の訪中を何度も成功させ、ドイツとの関係も強化している。

メルケル首相による訪中は、今年6月13日で9回目を迎え、尋常ではない。たとえ英国との関係が薄れても欧州の盟主となるドイツが控えるので経済的損失は少ないとみられる。

しかし南シナ海などで孤立しがちな中国にとって、英国を理解者にしようとする可能性は継続される。これまで英国はG7首脳会議でも、外相会合でも、日本などとともに中国の国際法を無視した恣意的《しいてき》な行動に懸念を表明してきたが、今後は経済関係を背景に中国が手前勝手な要求を代弁するように求めてくることは不可避だろう。軍事同盟を結ぶことまでは考えられないが、話し合いによる解決、仲裁裁判など国際ルールではない方法による解決に支持を求めてくることはあり得るだろう。英国にとって、経済面で中国との関係強化はプラスだが、政治体制が異なるだけに、政治・軍事面でも新たな「黄金期」を迎える可能性は低いと考えられる。

不気味な中露の連携

英国民のEU離脱選択を受けて意気揚々としていたのが、習近平主席とプーチン大統領だった。二人は国民投票が行われた6月下旬の1週間で、2度会談した。

1度目は、6月24日にウズベキスタンの首都タシケントで開かれた上海協力機構（SCO）第16回首脳会議。まさに英国の国民投票の結果が発表され、英国とEUに衝撃が走った時、タシケントでは習近平主席とプーチン大統領が主導する首脳会議が開かれていたのだった。

会議には、もう一つのアジアの大国、インドのモディ首相も、オブザーバーとして参加した。会議終了後に発表された「タシケント宣言」は、インドとパキスタンの正式加盟を承認し、新たな中央アジアの「同盟」が誕生した。

翌25日には、プーチン大統領が訪中し、北京の人民大会堂で再び、中露首脳会談が行われた。この訪中は、両国の戦略的パートナーシップ関係成立20周年と、中露善隣友好協力条約の締結15周年を記念して実施され、両国は新たに、経済貿易・外交・インフラ整備・IT・農業・金融・エネルギー・メディア・インターネット・スポーツなど、三十数項目に及ぶ提携に署名した。

もちろん中国主導の「一帯一路」の推進も共同声明で発表された。一帯一路とは中国が打ち出している新たな経済・外交圏構想で、「一帯」は中国西部、中央アジア、ヨーロッパをつなぐルート、一路は中国沿岸部から東南アジア、インド、アラビア半島、アフリカ東岸を結ぶルートである。中露は「互いの核心的利益」を重視することを強調し、プーチン大統領は、これまで中立だった南シナ海問題に関しても、中国寄りの姿勢をアピールしている。

これまで見てきたように、英国がEUから離脱すれば、NATOの力も弱まる。となれば連携した中露が日米欧に対抗していこうという思惑が強化される。1週間に2度の中露首脳会談は、没落する大英帝国及びEUとは対照的に、中露という「枢軸」が、今後の世界を牽引するという両国首脳の強い意思を感じさせるに十分だった。

英国が逆襲に出る手段はあるか

ソロスの不気味な予言

ＥＵ離脱により、ポンドは30年来の安値を記録し、株価も英国のみならず世界各地の市場で暴落した。２００８年のリーマンショックに匹敵する大変動だ。

実は、この動きを正確に予測していた人物がいた。アメリカの投資家で富豪のジョージ・ソロス氏だ。氏は「離脱が決まれば、ポンドは対ドルで20％急落、『暗黒の金曜日』になり、普通の人々に深刻な影響をもたらす恐れがある」と指摘していた。

ソロス氏はＥＵとロシアについても予言している。

「ＥＵが崩壊に向かえば、ロシアが大国として台頭する」

このように国民投票3日前の6月20日、ロンドンの講演で大胆にＥＵ崩壊とロシア復活を予言、残留を訴えた。

ソロス氏はＥＵとロシアの関係について、１９９１年のソ連崩壊を踏まえて、「ソ連が崩壊し始めたときに欧州が繁栄した」と語り、英国のEU離脱で当時と反対のことがおこりうると指摘した。

またソロス氏は、発表した論文の中で、「当面の間、英国経済は厳しい状況におかれることになる。EUからの分離運動はヨーロッパ各地の国々で高まりつつある。イタリアでEUからの離脱を主張する極右勢力、『五星運動』の人物がローマ市長になった。これと同じような運動はどのEU諸国でも盛んになっている。こうした状況を見ると、EUの無秩序な解体プロセスが始まったことは明らかだ。このまま行くと、全面的な金融危機を伴いながらEUは解体するだろう。EUが存在していなかった時期よりもさらに悪い状況となるはずだ。このプロセスを阻止するためには、我々のような民主主義者が団結し、EUを支えなければならないのだ」

ソロス氏は「金融危機を伴いながらEUの解体プロセスが始まる」と大胆に予測、この防止には市民の団結が必要だと警告している。金融危機とともにEUが解体され、その先にロシアが再び大国として国際舞台に台頭すると予言した。

領土紛争の懸念　第二次フォークランド紛争勃発も？

国民投票で離脱が選択された24日、スペイン政府は英国領「ジブラルタル」の共同統治を要求した。スペインが「ジブラルタル」を領有するための先制パンチに出たのではないかと目されている。

「ジブラルタル」は、イベリア半島南東の端に突き出た半島だ。スペインの領土だったが、スペインがスペイン継承戦争に敗れた1713年、英国に占領された。スペイン政府は何度も領土返還交渉を英国に申し出たが、拒否されてきた。2002年、EU拡大で、欧州の諸国は将来的に超国家連合に政治統合する機運が盛り上がったため、スペイン政府は領土返還請求を停止した。

しかし、英国のEU離脱で状況が変わった。英連合王国は解体の危機に瀕し、中核を担うイングランドの国力は大幅低下する可能性が高まった。スペインは「好機到来」と、「ジブラルタル」の領有権を改めて主張するようになったのだ。

スペインだけではない。英国は領土問題を抱える紛争当事国と改めて問題を蒸し返すことになった。1982年に領有権を巡ってアルゼンチンと紛争に発展した「フォークランド諸島」も同様だ。一方的に領有権を主張して「フォークランド諸島」を軍事占領したアルゼンチンに、当時のサッチャー政権は英海軍を中心とした部隊を送り、勝利した。この勝利で、

「フォークランド諸島」は英国領となった。

しかし「ジブラルタル」同様に、英国の弱体化が世界で露呈しただけに、アルゼンチンは再度「フォークランド諸島」の領有を主張する可能性が指摘されている。しかもアルゼンチンは現在、中国との軍事的な結び付きを強めており、強化される軍事力を背景に、アルゼンチンは再度領有権を主張する可能性も排除できない。紛争が再燃する可能性もある。

英連邦と「アングロスフィア」連合

英国が逆襲に出る手段はないものだろうか――。

英国のメイ新首相は7月15日、オーストラリアのマルコム・ターンブル首相と電話で会談し、英国がEU離脱後をにらんで早急に自由貿易交渉を始めることで合意した。英国は古くからの同盟国であり、同じ女王を元首に戴くオーストラリアなど英連邦諸国との結束を深め、EUに代わる新たな経済圏を模索する方針だ。

英メディアによると、ターンブル豪首相から自由貿易交渉を早急に開始したいとの要望があり、メイ首相は同意し、新任のフォックス国際貿易相に検討するよう命じ、「この政権でEU離脱を成功させると確信している」と述べた。

英国はＥＵに代わって「英連邦」という「緩やかな国家連合体」の活用を検討している。英連邦には54カ国が加盟しており、国連に次ぐ規模を持つ国家連合だ。世界のほとんどの宗教、人種、政治的思想をカバーしている。英連邦は、大英帝国の遺産であるが、現在も加盟国が増加しているのだ。２００９年にはルワンダが加盟。先日、国連に加盟申請したパレスチナ自治区も加盟を希望した。旧英国植民地ではなかった南スーダンも加盟に前向きである。

英連邦は、独裁政権を倒して民主化を果たした小国や新しく誕生したばかりの国家でも加盟しやすいことが利点だ。国連より国際社会で発言する機会を得やすいため、アフリカ諸国などから加盟を希望する国が多いという。

英連邦は、資源大国であるカナダ、オーストラリア、南アフリカ、世界で2番目に人口が多いハイテク国家インドなど、古くからの英国の同盟国やマレーシア、シンガポールなど東南アジアの国も含まれる。「世界の工場」となることが期待されるアフリカ諸国の多くも英連邦だ。意外にも侮れない。ＥＵ離脱後を見据えて、英国は、英連邦との関係を固め、経済圏を模索することになりそうだ。

また大英帝国の遺産の一つに「アングロスフィア」連合（英語圏諸国連合）がある。同様の文化や言語、価値観を持つ米、英、カナダ、豪州、ニュージーランドのアングロサクソン諸国5カ国からなる同盟で、離脱を進めるグループは、離脱すれば、大陸欧州に代わって「アングロスフィア」連合なるものを再興して英国が盟主となり新時代の役割を担うべきと主張する。

現在、アングロサクソン諸国5カ国はエシュロンと呼ばれる米国の国家安全保障局（NSA）を中心に構築された軍事目的の通信傍受（シギント）システムで協力、情報共有しており、このインテリジェンスでの連携を経済や政治に発展させようという構想だ。

この英語圏連合構想は、離脱後、英国が復活するツールとしてくすぶり続けるだろう。

日本への教訓

「移民制限」は日本にも参考になる

国民投票で離脱の選択が出た直後の6月28日深夜。最後のＥＵ首脳会議で、約３時間に及んだ離脱問題をめぐる議論を終え、記者団の前に現れたキャメロン英首相の表情は硬く、頬は赤らんでいた。会議でキャメロン氏は、国民投票で離脱が多数を占めた理由について、域内で認められる「移動の自由」が「要因の一つ」だと認めた。

やはり、英国民がブレグジットを選んだのは、東欧などから英国へ押し寄せる年間30万人以上に及ぶ移民に対する強い反発があったためだといえる。

英国の単一市場へのアクセスを維持するため、キャメロン氏はＥＵに移動の自由の改革も促した。だが、人、モノ、資本、サービスという４つの移動の自由はＥＵの単一市場の重要な原則だ。英国を除く27カ国は29日、「好みで選ぶことを認めない」（トゥスクＥＵ大統領）と牽制した。

単一市場へのアクセスを捨てることになっても移民制限を選んだ英国民の選択は、近い将来、移民を巡って議論が起こることが予想される日本でも教訓になるのではないだろうか。無制限、自由に移民を受け入れると、国家が破綻《はたん》に向かうということを物語っているように思えてならない。

新首相に就任したメイ首相は、7月20日、初めて外遊したドイツのベルリンで、メルケル首相に「国民は移動の制限を選んだ」と移民政策を優先させることを告げた。

フランスではテロが頻発し、極右勢力が政権をうかがう勢いとなっている。イスラム系の移民を人口の1割近く抱えていながら、「自由・平等・友愛」の建て前を掲げるばかりで、実際には移民をフランス社会に適切に統合する策をとっていない。移民に対する日常的な差別があるというから、社会に不満を抱く移民はテロに走る。移民政策は失敗したと言わざるをえない。

欧州委員会の世論調査によれば、英国民がEU離脱か否かで最重要と考えたのは、移民問題がトップで44%、次いでテロ問題24%、3番目が社会保障問題の21%だった。残留派が主張した、英国のマクロ経済にとっての損得ではなかった。

そもそも英国は1950年代に、元植民地から多彩かつ大量の移民を奨励していた。ところが2004年以降の東欧、さらに中東の紛争地域などからの移民は、英国の地域社会の風景を根本的に変えてしまったように思える。米国内で大都市ニューヨークがその他の大部分の地方都市と異なるように、英国では多文化多民族が共存するコスモポリタン・ロンドンは、イングランドの大部分の地方と大きく異なる。ロンドン以外の地方では年間30万人も押し寄せる移民や難民の増加によって、少なからず自分たちの雇用や賃金が奪われ（奪われる側の労働姿勢にも問題はあるにせよ）、移民の中にテロリストが侵入する懸念が高まった。これは地方に住む英国人にとって、身近でリアルな恐怖だったといえる。

現実の不安を前に、政権側のエコノミストたちが「離脱すると経済が悪くなる」と訴えても、多くの人々の胸に響かなかった。切実な移民問題で日々の暮らしが脅かされていると感じていたからだ。

実際に離脱決定後、ポンドは急落し、銀行、不動産、建設業の株価も急落、ロンドンの住宅価格も急落している。リセッション（景気後退）の怖れが英国中を覆っている。離脱派の勝利はすでに英国に100億ポンド以上の損失をもたらしたとも指摘されている。

英国の外側からは、英国民が感情的に軽はずみに「離脱」を判断したと思われるかもしれない。しかし、英国内で観察すると、必ずしも軽挙妄動した結果とは思えない。国民は日々の暮らしと、大陸欧州で繰り返されるテロのことに思いを巡らせて熟慮の上、「移民制限」を選んだように思える。離脱派は排外主義者、極右などのレッテルを貼られ批判されたが、国民の豊かで安全な暮らしを実現する「経世済民」という万国共通の目的があった。

こうした人々の判断を、寛容な精神に欠ける内向きの「大衆迎合のポピュリズム」に操られたと捉えることもできる。しかし、かろうじて国内総生産（GDP）世界第5位と先進国の地位を維持しているにすぎない英国は、そもそも超大国米国のように世界中から移民を積極的に受け入れる国力を持ち合わせていない。かつての大英帝国に郷愁を抱く黄昏《たそがれ》の老大国には、ポスト冷戦でEUを東方に拡大したツケを1国で支払うにはあまりにも大きい。

将来を見据えて移民に一定の制限を加える英国の判断は、人口減少時代を迎えた日本にも参考になるだろう。

厚生労働省の外国人雇用状況調査によると、2015年10月末の外国人労働者数は前年比15・3％増え、約91万人と過去最高を記録している。移民の密度が高まってくると、国民が不満をつのらせ、やがて極端な民族主義が台頭することを英国のEU離脱選択は教えてくれた。日本は移民の受け入れにフリーハンドを握っている。だから、当面は、積極的に移民に門戸を開放しない政策が求められるのではなかろうか。

国民全員がグローバル恩恵で格差是正

労働党のゴードン・ブラウン元首相は「ブレグジットが残した最も重要な教訓は、グローバリゼーションは英国全ての人のために機能せねばならないことだ」と述べている。キャメロン政権が財政均衡を目指して推進した緊縮財政が、ブレグジットで終焉を迎えるとみられている。国民全員に行き渡る経済政策が求められるのは当然だ。

急速なグローバル化によって、英国内を二分する分断が生まれた。地方と大都市、若年層と高齢者層、労働者層と知識層が衝突した。この断絶は英国だけの問題ではない。米国では共和党のドナルド・トランプ氏と民主党のバーニー・サンダース氏、愛国主義的思考と社会主義的思考という極端なリーダーが支持を集め、英国と同様に社会に不満を持つ層がエスタブリッシュメントに反旗を翻している。英国では格差に対するその不満が、離脱という選択を導いた。

「少ない特権階級のためだけではなく、全ての人のために機能する国家の展望が必要だ」

政権発足にあたってメイ首相は、弱者に配慮して格差是正のため国民の結束を促すことに精力を傾けることを約束したのである。

英国で起きた二極化ともいえる社会の断絶を日本では起こさないようにしなければいけないだろう。日本では英国独立党（ＵＫＩＰ）のような極端な愛国主義の政党は力を持っていない。地方で労働者層と社会との断絶が表面化してはいない。階級社会の英国とは異なり、日本は労働者と資本家が対立する傾向が低く、家族経営で協調し、福利厚生を充実させ地域コミュニティーも大切にしてきたためだ。欧米ほど賃金格差もない。

グローバル化の恩恵を、多くの国民が享受できるようにするにはどのようにすればよいのか。経済活力を維持するため、どのような移民政策を取るのか。政治家、官僚とともに国民が選挙を通じて政治的議論を行い、感情ではなく理性で判断して政治に生かせるような社会が必要だろう。

大陸欧州との訣別を選んだ英国は「衰退」していくのか、禍《わざわい》転じて福となすのか。その結論がでるのは、まだまだ先だ。しかし世界の歴史の大転換期にさしかかっていることは間違いない。移民の増加、製造業の衰退、貧富の差の拡大、エリート層の堕落、扇動政治家の登場など。離脱を選択した英国が抱える問題は、日本はじめ世界に共通するものだ。

移民問題やグローバル化に伴う格差問題を真剣に議論する心構えが整っていない日本にとって、統合の理想主義よりもリアリズム（現実主義）を優先させた英国の「決断」は、少なからぬ教訓となるはずだ。

日英同盟93年ぶり復活も

アフガニスタン・イラン方面でのロシアの南下を警戒する英国と、ロシアの満州・朝鮮進出を押さえようとする日本は、1902年に日英同盟を結んだ。それから114年の歳月を経て、EU離脱に向けて英国の国力の衰退が懸念されている今こそ、日本は日英同盟復活を視野に入れて英国と強固な関係を築くべきではないだろうか。

人民元のSDR（IMF特別引出権）構成通貨入りや英国のAIIB（アジアインフラ投資銀行）加盟を主導して「英中蜜月」を演出したオズボーン財務相が下野した。英国と日本は島国で立憲君主制という共通項も多く親和性も高い。在日米軍を撤退させ、日本を核武装させると発言するトランプ氏、中国全人代代表の企業家から多額の献金を受けていた事が発覚して夫のビル・クリントン氏とともに親中派と目されるヒラリー氏のどちらが大統領になっても、日米同盟が後退する懸念が高まっている。世界で孤立を恐れる英国との同盟を、1923年に失効して以来93年ぶりに復活させれば、英国はオーストラリアやニュージーランドなど「アングロスフィア」連合とも大英帝国以来のつながりからインテリジェンスを共有しており、対中包囲網を構築する意味で有益となる。EU離脱後に自由貿易協定（FTA）締結を視野に、いち早く通商関係を結べるように交渉するべきだろう。

英国が栄光ある孤立を放棄してまで日英同盟を結んだ背景には、かつて大英帝国と帝政ロシアが中央アジアで激しい情報戦を繰り広げた「グレート・ゲーム」があった。英国のEU離脱を巡って、英国とロシアで新たな「21世紀のグレート・ゲーム」が始まったと捉えると、日本と英国は世界の平和と安定のためにより関係を緊密化して日英同盟を復活させるべきだろう。

日英はすでに2013年に防衛装備を共同研究・開発・生産する枠組み文書と秘密情報の共有を定める情報保護協定に調印して「準軍事同盟」関係にある。日露戦争で奇跡の勝利を果たしながら第一次大戦後の軍縮の流れで1923年に日英同盟が消滅したことが、第二次世界大戦の敗戦へと暗転しただけに、窮地に立たされた英国との同盟復活こそ日本の国益につながると信じてやまない。

岡部 伸［おかべ・のぶる］

1959年愛媛県生まれ。産経新聞ロンドン支局長。立教大学社会学部社会学科を卒業後、産経新聞社に入社。社会部記者として警視庁、国税庁などを担当後、米デューク大学、コロンビア大学東アジア研究所に客員研究員として留学。外信部を経て1997年から2000年までモスクワ支局長として北方領土返還交渉や政権交代などを現地で取材。その後社会部次長、社会部編集委員、大阪本社編集局編集委員などを務めたのち、2015年より現職。

著書に『消えたヤルタ密約緊急電』（新潮選書、山本七平賞受賞）、『「諜報の神様」と呼ばれた男』（PHP研究所）がある。

イギリス解体、EU崩落、ロシア台頭

PHP新書1060

EU離脱の深層を読む

二〇一六年九月五日　第一版第一刷

著者――岡部 伸
発行者――小林成彦
発行所――株式会社PHP研究所
東京本部――〒135-8137 江東区豊洲5-6-52
新書出版部 ☎03-3520-9615（編集）
普及一部 ☎03-3520-9630（販売）
京都本部――〒601-8411 京都市南区西九条北ノ内町11
組版――有限会社エヴリ・シンク
装幀者――芦澤泰偉＋児崎雅淑
印刷所
製本所――図書印刷株式会社

ISBN978-4-569-83190-9

PHP新書
PHP INTERFACE
http://www.php.co.jp/

ＰＨＰ新書刊行にあたって

「繁栄を通じて平和と幸福を」（PEACE and HAPPINESS through PROSPERITY）の願いのもと、ＰＨＰ研究所が創設されて今年で五十周年を迎えます。その歩みは、日本人が先の戦争を乗り越え、並々ならぬ努力を続けて、今日の繁栄を築き上げてきた軌跡に重なります。

しかし、平和で豊かな生活を手にした現在、多くの日本人は、自分が何のために生きているのか、どのように生きていきたいのかを、見失いつつあるように思われます。そして、その間にも、日本国内や世界のみならず地球規模での大きな変化が日々生起し、解決すべき問題となって私たちのもとに押し寄せてきます。

このような時代に人生の確かな価値を見出し、生きる喜びに満ちあふれた社会を実現するために、いま何が求められているのでしょうか。それは、先達が培ってきた知恵を紡ぎ直すこと、その上で自分たち一人一人がおかれた現実と進むべき未来について丹念に考えていくこと以外にはありません。

その営みは、単なる知識に終わらない深い思索へ、そしてよく生きるための哲学への旅でもあります。弊所が創設五十周年を迎えましたのを機に、ＰＨＰ新書を創刊し、この新たな旅を読者と共に歩んでいきたいと思っています。多くの読者の共感と支援を心よりお願いいたします。

一九九六年十月

ＰＨＰ研究所